本当にエロい実話50

「裏モノJAPAN」読者投稿傑作選

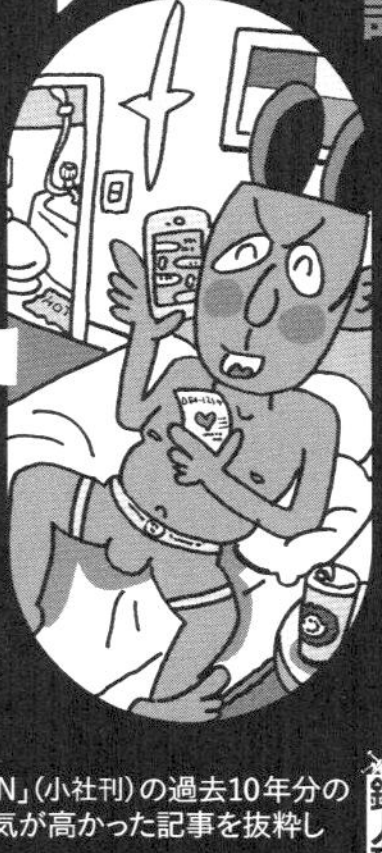

＊本書は月刊「裏モノJAPAN」(小社刊)の過去10年分の読者投稿の中から、特に人気が高かった記事を抜粋し1冊にまとめたものです。
＊各記事の情報は掲載当時のものです。

鉄人文庫

第1章 エロい体験

第2章
エロい現場

第3章

エロ知恵

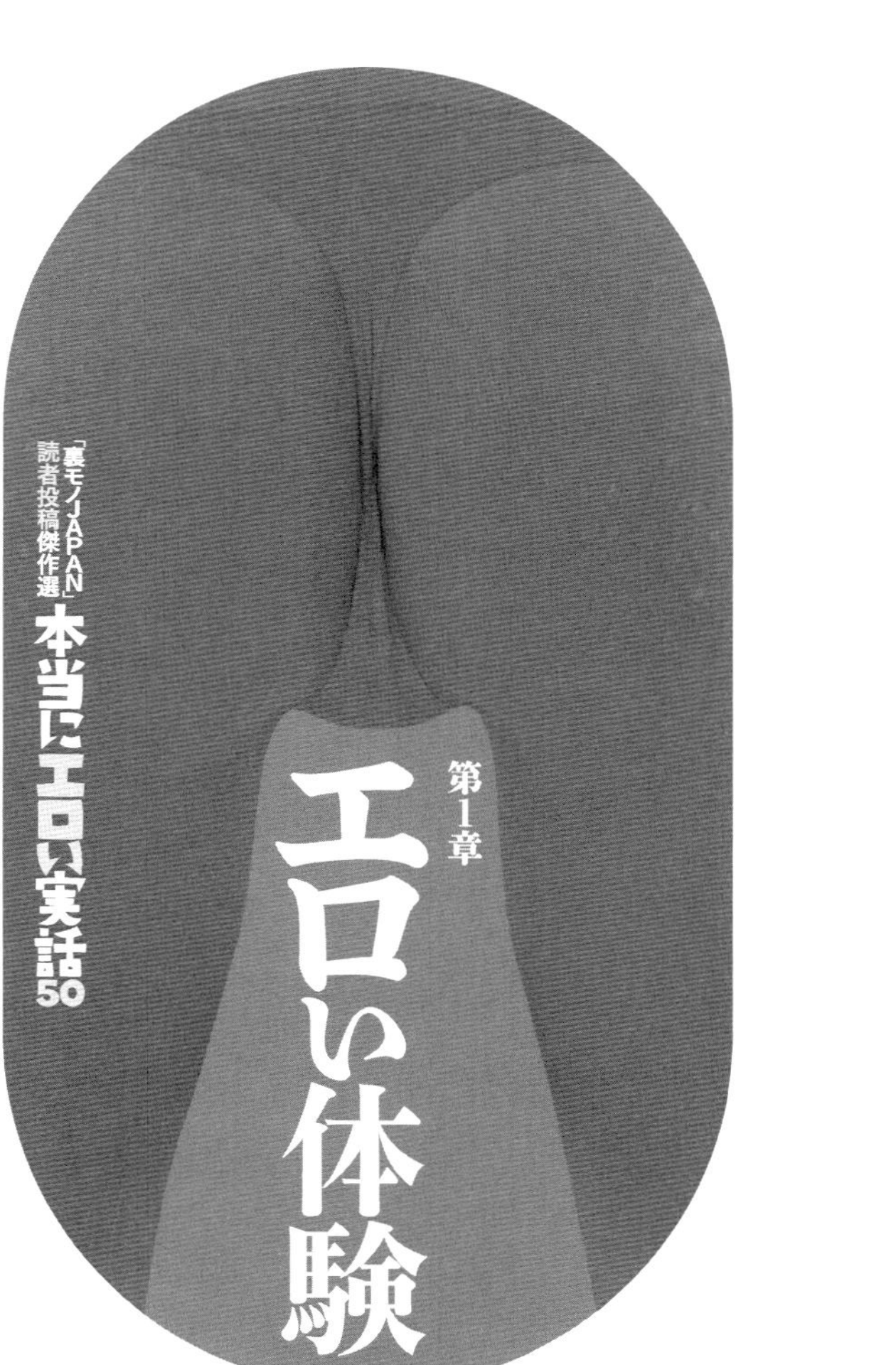

第1章 エロい体験

「裏モノＪＡＰＡＮ」読者投稿傑作選

読者人気絶大だった女性編集部員が…ソープ嬢になった元同僚を本人と認めさせながら抱いた夜

小山あきら／東京都 25歳 出版社勤務

人気バツグンの女性編集部員

およそ1年前、都内の中堅出版社に入社したオレは、某エロ本編集部に配属された。

「裏モノJAPAN」2009年7月号掲載

「小山です。精一杯がんばりますのでヨロシクお願いします！」

みな和やかなムードで迎えてくれる中、オレは隣に座る女性に目がとまった。まさかエロ本の編集部に女がいるなんて！

彼女は岡村（仮名）と名乗りニコリと微笑んだ。聞いた話では、今回編集部員を募集したのは、彼女が近々退社するかららしい。

新人のオレは雑務からはじめることになった。教育係としてそばに付いてくれたのが岡村さんだ。

「小山さん、わからないことはなんでも聞いてくださいね」

「ハイ。でも後輩なんだから敬語じゃなくていいですよ」

「でも小山さん年上でしょ？　私まだ21なんで」

ずいぶんと幼い顔だとは思っていたが、そんなにも若いとは。

それからは毎日、彼女に仕事を教わった。ハメ撮り写真の整理、読者プレゼントの発送などは正直メンドウだったが、岡村さんと話せると思うと苦にはならなかった。そう、オレはだんだんと彼女に惚れはじめていたのだ。

バックナンバーを読み返すと、彼女はときどき誌面にも顔を出していた。エロ本に女性編集部員という組み合わせが珍しいのか、読者からの人気もバツグンで、オレは軽く嫉妬したりもした。

そんな淡い恋心も時間には勝てず、まもなく岡村さんが退社する日がやってくる。送別会でもオレは想いを告げられず、ただただ飲みまくるしかなかった。

「岡村さんでしょ?」「はじめましてですよね?」

1年後、オレも別の出版社へ移ることになり、そのころは岡村さんのことなどすっかり忘れていた。

しかし退社直後、驚きの情報が飛び込んでくる。ネットにこんなカキコミがあったのだ。

『あの雑誌の元編集部員の女の子、大宮の『L』ってソープで働いてるよ。あれは間違いないよ。俺、彼女のファンだったから』

まさか。岡村さんがソープに? そんなバカな。

どうせガセ情報だろうと店のHPを覗いてみれば、確かに彼女の写真が載っている!

源氏名Aちゃん。当時のままのロリフェイスだ。

会いに行くべきか行くまいか。そんな大人びた迷いはなかった。

Aちゃんを予約し店に行くと、ボーイがプレイルームへと続く階段へ案内してくれた。

階上でお辞儀して待っていたのは、紛うことなきあの岡村さんだ。

「Aです。いらっしゃいませ」

彼女は、無言で部屋に案内し、トビラを閉めた。気まずさに耐えきれずオレから口を開く。

「編集の仕事はもうやってないの？」

「え？　なんのことですか？　私ずっとこの店で働いてるんですけど」

「イヤ、オレですよ、小山です。岡村さんでしょ？」

「はじめましてですよね？　それに私、岡村って名前じゃないですけど」

つっぱねる気持ちはわからないでもない。元同僚とこんな場所で対面するなんて、彼女にすればあってはならないことだ。

あの岡村さんが目の前でヨガってる

Aちゃん＝岡村さんが服を脱いだ。白く大きな乳房、ピンクの乳首、陰毛はやや濃いほうか。こんな体だったなんて、感激だ。

シャワーでチンコを洗ってくれる岡村さん。あのころは手すら触れたことがなかった

かつての同僚と
ソープで再会

のに、今はこんなに恥ずかしいことを。

ベッドに移動し、まずはフェラチオが始まった。まずは、なんて簡単に書いたが、これはスゴイことだ。あこがれていた同僚がチンコを舐めてくれるなんて。

攻守交替し、岡村さんのマンコに指を突っ込んだ。あの岡村さんのマンコに、指を。夢のようだ。

「アンっ、あっ」

「岡村さん、ライターの仕事がしたいって言ってたけど、やってるの？」

「あんっ、だから人違いですよんっ。ライターってなんなんですかぁん？」

まだ認めたくないらしい。やはり恥ずかしいものなのだろうか。

しかしこれほどまでに否定するとは。なんだかオレが勘違いしているような気すらしてきた。

「もしかして岡村さんって双子だったりする？　お姉さんか妹が出版社で働いてたとか」

「そんなことないですよぉん。私ひとりっこですからぁ」

「じゃあもしかしてなにかの事故とかで記憶喪失になったりとか？」

「んんっ！　そんなコトないですよ！　とにかく岡村ではないですから！」

強情な女だ。

ゴムをつけ、いよいよオレは彼女の中に入った。敬語でオレを呼び、いろいろ親切に教えてくれたあの女性が、目の前でヨガっている。タマらず5分で昇天した。

「最後に聞くけど、岡村さんですよね？　オレ、アナタの事が好きだったんですよ」

長い沈黙の後、彼女は答えた。

「……そうですよ。岡村です」

いわく、借金を返すために、編集をやっていたころもこっそりソープでバイトしていたそうだ。あんなあどけない顔でソープ嬢だったなんて。

「こんな私だけど、また来てくださいね。サービスしちゃうから」

行く、絶対また行く。

「裏モノJAPAN」読者投稿傑作選

元大関の慰安旅行で関取とのナマ中出しセックスを5万円で請け負った私

川口洋子／東京都 30歳 ストリッパー

数年前、知人であるハプバーのママから携帯に連絡があった。お店の常連客と1泊2日の温泉旅行に行くので、ついてきて欲しいという。

なんとその相手は相撲取り。過去、大関にまで上り詰めたのだが、当時は●●に降格していた有名力士だ（仮にX関とする）。なんでもハプバーの常連だったんだとか。

「裏モノJAPAN」2011年6月号掲載

このたび、その彼が引退することになり、タニマチの男性が慰安旅行を主催したのだが、人数が足りないので私にも参加してほしいという。

「当日はエッチありなんだよね。私とあなたのどっちかが、X関の相手をしないといけないの。どうかしら」

「……」

正直なところ、ちょっと怖い気もする。あんな大きい体なのだ。もし自分が相手することになったら、押しつぶされたりしないかしら。

でも興味もなくはない。お相撲さんのエッチってどんなのか。ギャラの5万円にも釣られて、私はママの申し出を引き受けた。

巨大な風船が浮いてるみたい

当日の昼、私とママが某温泉地に到着すると、すでに男性側のメンバーが待っていた。X関、タニマチ、元市会議員とその友達の4名だ。

「じゃあ、行きますか」

タニマチの合図で我々を乗せた3列シートのバン型タクシーが出発する。X関は最後部に座っていた。ちょんまげに浴衣という例の力士スタイルである。にしても、なんて大きいんだろう。こうして間近で見ると、あらためてその巨体に圧倒される。まるで肉のかたまりみたいだ。

「これから近くの老人ホームに行きますので」

関取はこの地と関係が深く、今回の旅行は、後援者への挨拶まわりもかねていた。老人ホームの慰問もその一環のようだ。

でも私たちには関係ないこと。女2人は、彼らがご挨拶をしている間、車の中でお留守番だ。

老人ホームの慰問が終わった後は、再び車を走らせ、いよいよ温泉旅館へ。カウンターでチェックインを済ませたところで、タニマチから部屋のキーを渡された。

「女性陣2人はこっちの部屋で。我々4人は別の部屋ですので」

夜6時、他の客がいないのを見計らって、みんなで混浴の露天風呂に入ることになった。

服を脱いだ関取はやはり大きかった。

股間を小さなタオルで隠しているけれど、それがやたら小さく見える。なんというか、湯船にぷかーんと巨大な風船が浮いてるみたいだ。

風呂から上がったら、そのまま小さな広間に移動し、宴会に突入。関取を中心にした和やかな空気だ。

「昔はケースごとビールを飲みましたよ」

「そうなんですかあ。すごいですねえ」

「まあ、今はそこまでは行きませんがね」

ビールと料理をいっぱい食べたあたりで、男3人がひそひそ耳打ちを始めた。どうやら誰が誰とやるのか決めているらしい。もちろん私たちに選択権はナシだ。

オチンチンは太ってないのね

どっこいしょと立ち上がった関取が私の方へやってきた。そりゃ、ママと私なら若い私を選ぶよね。じゃあ、ママは元市会議員とその友達とタニマチ相手に4Pかしら?

関取の後をついて、女部屋へ移動する。すでに敷かれている2組の布団を1つにくっつけるや、彼が浴衣姿のままゴロリと横になった。

「こっちへ来て」

「……」

押しつぶされないかちょっとビビりながら横に添い寝すると、彼がキスをしてきた。

「……ん」

普通ならこの後、おもむろにおおいかぶさってくるところだろうけど、さすがにそれは危険なのか、関取は仰向けに寝転がったままだ。

じゃあ私が攻めてあげなきゃ。オチンチンを探そうと、お腹の肉をかきわける。出てきた出てきた、普通サイズのオチンチンが。根本までパクッ。うん、ここは太ってないのね。

「じゃ、上に載って」

関取が寝転がったまま、太股の上にのるように促してきた。どうやら騎乗位の体勢でエッチをするらしい。この大きな体なら、それしかないもんね。

でも、どうやって入れるのだろう。フェラのときもそうだったけど、関取のオチンチンは肉でおおわれているのだ。普通の騎乗位じゃとても入るとは思えない。

「アレ、手で持って」

言われるまま私がオチンチンを片手で持つと、関取が私の腰を両手で摑み、強引にオチンチンの方に引き寄せた。体が肉の間に割って入っていく。

スポーン。

見事に入った。なるほど、いつもこうやってんだ。

お相撲さんの
アソコって‥

関取は私の腰を両手で持って、腕の力だけで前後に動かした。上下ピストンはなく、腰をすりつけるようなカタチだ。

私は関取の膝を持って、倒れないようにバランスを取るだけ。

と、そのうち、関取は「うっ」という叫びとともに絶頂に達した。もちろん中出し。ピル飲んでるから、まあいいんだけど。

お相撲さんとのエッチなんて後にも先にも1度しかないいい思い出だ。

ところであの人は八百長に関与してたのかな。大関から降格してるんだからそれはないか。

建部 博／25歳 元裏モノJAPAN編集部員

妹がAV女優になりました。編集部タテベ、兄貴のくせに複雑な思いで股間を膨らます

その女優は、どう見てもわが妹

以下は個人的な話ながら、誰にいつなんどき訪れるかわからぬ出来事でもあるので、その備えのためという意味も込めて恥ずかしながら報告しようと思う。

「裏モノJAPAN」2009年12月号掲載

それはオレがつかの間の休日、優雅に釣りを楽しんでいるときだった。ふと携帯に見知らぬ番号からの着信が入った。誰だ？　このまえ強引に番号を聞いたキャバ嬢か？　期待を胸に折り返す。

「…もしもし」

ケッ男かよ。アンタ誰。

「由佳ちゃんとお付き合いさせていただいている石井です」

へ？　由佳とはオレの5歳下の妹の名前である。その彼氏がなんでまたオレに電話なんか。

「突然すいません、実は由佳ちゃんが、由佳ちゃんが……」

彼氏はいきなり泣きはじめた。なんだよ、痴話ゲンカか？

だったら忙しいから他をあたってくれ。

「AVに出てるんです!!!」

やっぱりそんなとこか、だからオレは釣りで忙しいんだって…は、はい!?

「見ちゃったんです…お兄さんもネットで見ればわかりますよ。メーカー名は……」

ちょっとちょっと、何をわけのわからんことを言ってるんだねキミは。アイツがAVなんかに出るワケないだろ。

「とにかく見てください！　また連絡します」

石井はそう言うと一方的に電話を切ってしまった。由佳がAV？　なにかのまちがいじゃあ…。

不安になったオレは釣りを切り上げ、自宅のパソコンで石井の告げたメーカー名を入力した。出てきたのは立派なAVのパッケージだった。そして素っ裸をさらしているその単体女優は、どこからどう見てもわが妹・由佳に他ならない…。

戻れないんだったら、オレたちは応援するよ

石井は母親にも連絡したらしく、オレは埼玉の実家に緊急招集された。電話の様子だと母もかなり動揺しているようだ。当然である。

由佳は高校卒業と同時に家を出て、都内の企業に勤めた。業種は言えないが、非常にお堅い会社である。その会社で知り合った男と付き合っているという話を聞いたのは、2年前のことだった。ほどなくして2人は同棲を始めた。

まじめに仕事をして結婚という話も出ていた中に、この事件である。

実家に着くと、母の隣にはバツの悪そうな顔で由佳が座っていた。その顔を見た瞬間、

あのパッケージを思いだし、怒りなのか悲しみなのか、なんとも言えない感情が溢れてくる。

突然の家族会議で重苦しい雰囲気のなか、由佳が静かに口を開いた。

「黙ってたのは悪かったけど、これには理由があるの」

「理由ってなによ‼　そんな仕事するのに理由なんて…」

母の感情が爆発する。

「実はね…」

由佳はときどきカットモデルなどの仕事をしていた。そんな中、とある雑誌の撮影をしているときに、ＡＶモデル事務所から声をかけられたのだという。最初は当然拒否したのだが、由佳には輸入雑貨などを売るお店を出したいという夢があり、すぐにお金が入るＡＶの世界に飛び込むことにしたそうだ。

でもお金なんて地道に働けば貯められるだろうに…。

「今の彼氏が全然働かなくて…いつまで経っても貯金なんてできないから。何回も別れようって言ったけど、『絶対に別れない』って」

彼氏の石井は年下で仕事も辞めている。このままでは生活すらできないのではと不安になったという。

「もう3本撮影しちゃったし、1年だけ、それだけやったらお金も貯まるから、お願い」

撮影を終えたのならもはや引き返すのは不可能だし、オレたち家族は応援するしかないのかもしれない。

「由佳、お母さんがこれだけ反対するのも当然なんだ。でも戻れないんだったら、オレたちは応援するよ。母さん、それでいいよね？」

母は目に涙を浮かべながら、しぶしぶうなずいた。

小さい頃に見た母の胸とそっくりだ

こうしてオレたち家族は、不本意ながらも由佳のAVデビューを見守ることになり、オレも複雑な気持ちながら、応援していこうと決めた。

しかし、すぐにムクムクと不埒な気持ちが沸いてきた。

(由佳はいったいどんなセックスをするんだろう…)

これは妹を持つ者にしかわからない複雑な感情だろう。兄だからこそ、妹のセクシャルな部分を覗き見たくなるのだ。手前味噌ながら、アイツはオレに似ず結構カワイイ。単体デビューできたほどだし。しかし見ちゃっていいのか、兄貴のくせに。

とりあえずネットで妹の女優名を検索してみると、すでに某掲示板にスレッドが立っているではないか。恐る恐る開いてみると…。

〈こいつ淫乱じゃんWWW〉

〈フェラに注目！　めっちゃ上手そう〉

〈乳輪のデカさがツボ〉

オレの妹は淫乱で、フェラが得意で、乳輪がデカいのか。ちょっと泣きそうになる。

でもやっぱり見たい。見たいというか、見なきゃいけないんだ。兄として、男として、裏モノ編集部員として！

むりやり自分の気持ちを納得させ、オレはＤＶＤ屋で由佳の作品を購入し、デッキにセットした。オイ、博よ。お前見るのか？　ホントに見ちゃうのか？　後悔するんじゃないのか⁇

冒頭シーンが始まった。よくある女優の初撮り風で、インタビューに答えている。

「初体験は？」

「え〜と、中1の夏です」

そんなに早かったのか。小3までは一緒に風呂に入っていたのに、あれからわずか4年でセックスか…。お前は淫乱か‼

インタビューがひと通り終わり、男優が乱入してくる。由佳の肩や腰などを撫で、キャミソールの紐に手をかける…。ブラジャーが自然とお目見えだ。

ここで一旦停止ボタンを押した。駄目だ。これ以上は正視できない。ここまで見たならもういいだろ。もう止めろよ博！　辛いだけだぞ‼

しかしその制止に、肉体が反論していた。わが下腹部に目をやると、なんと愚息が半勃起しているじゃないか！　再び再生ボタンをプッシュ。

ブラジャーが脱がされ、大きな胸が披露される。少し垂れ気味だが、実にスケベなチチじゃないか。小さいころに見た覚えのある、母のそれとそっくりだ。

いつの間にか由佳の顔は赤らんでおり、恥ずかしそうに男優のチンポをくわえはじめた。掲示板の指摘どおりイヤラシイ舐め方…。これが「お兄ちゃん」と言って一緒にお使いに行った妹だなんて…。

セックスシーンに移るころにはもはや普通のＡＶを見ているような、投げやりな気分になった。半勃起はおさまらないが、さすがにオナニーまではできなかった。

画面内で由佳は言う。

「気持ちよかった…」

こんな妹に育ってしまったのは、オレたち家族が悪かったのだろうか。おそらくそうだろう。あの大きな乳輪を見て勃起してしまうような男が兄貴なのだから。

「裏モノJAPAN」読者投稿傑作選 本当にエロい実話50

匿名／匿住所 40代

30代まで童貞だったキモ男、市民団体で女の美味(?)を知る。へんてこりんな報告を全文紹介します

市民運動に参加して結婚相手を見つけたら?

私は40代の男性です。ルックスは並以下で、女性から気色悪がられて、30代まで童貞

「裏モノJAPAN」2010年11月号掲載

でした。

そんな自分に転機が訪れたのは、両親がすすめる左翼系市民団体の運動員になったのがきっかけでした。

父がいまの社民党、母が共産党の支持者で、両親は市民運動を通じて知り合い結婚したそうです。私は三流私大を出たあと、ロクに定職に就かず、もちろん結婚も考えていませんでした。私は長男ですから、親の心配もハンパでなかったかもしれません。

日雇い土木作業員やコンビニバイトで生活している私に両親は、市民運動に参加して結婚相手を見つけたらどうかと、いつも自分たちが読んでいる『週刊K』という雑誌を私にすすめてきました。雑誌の最後のページに「市民運動掲示板」というコーナーがあり、市民団体と活動内容が紹介されてるのです。

『週刊K』はバリバリの左翼系雑誌なのですが、これを読んでも最初はチンプンカンプンで理解できませんでした。

しかし親は「とにかく団体の運動員になるのが大事。理解するのはそれからで…」と言うので、とりあえず3つの市民団体に所属することになりました。

左翼系市民団体が何を考えているのか、いくつか例を挙げておきます。

まずは北朝鮮びいき。日本人が何人も拉致されたというのに、彼らは「まず北朝鮮に過去の日本の植民地支配を謝罪して賠償金を支払うのが先決で、拉致問題はそのあと」とノンキなことを言います。

他にも、日の丸・君が代反対、天皇制反対、死刑制度反対などなど。日本のやることに、ほとんどすべて反対しています。とにかく日本はトンでもない国だということを周囲から叩き込まれました。

私は大卒とはいえ、ローマ字もまともに書けないぐらいのバカなので、ある意味、教養を身につけるいいきっかけになったと思います。

「ワキ毛は伸びてるのが本来の姿や〜〜!」

裏モノ読者は「つまらないことを述べるな」と怒るかもしれないですからそろそろ本題に入ります。

それは、市民団体に参加すれば、女とタダでやれる、ということです。男のルックスが悪くても女の話を親身になって聞いてやればマジメな女でも意外とはやくヤラせてくれます。

私の場合は市民団体の女性メンバーの話に深夜まで付き合って、1カ月もしないうちに3つの団体で各1名の女とセックスできました。例えば「昭和天皇に戦争の責任があった」とか「毒物カレー事件の林真須美は冤罪だ」といった話に付き合うだけで、その後はセックスに持ち込めます。

ただ市民団体の女には、ピチピチの若いギャルはほとんどいなくて、35歳処女、36歳バツ2、38歳処女の3人とセックスしただけです。

このうちの2人（35歳処女と38歳処女）は、日ごろから堂々とワキ毛を伸ばしていました。セックスの後で入浴するとき、38歳の女は石けんで頭を洗っていました。「地球の環境を考えていつも石けん」だそうです。

なんとか童貞を脱出できても、左翼市民団体の活動中に身の危険を感じたこともあります。以前、「自衛隊の海外派遣反対」のデモ行進をしていたところ、街宣車に乗った右翼がやってきて「殺すぞボケェ！」と怒鳴られたり、爆竹を投げ込まれて妨害されたりしました。

そしてワキ毛女の話にもどると、35歳のワキ毛女はいくら注意してもムダ毛は処理するものという感覚がまったくなくて、私が「そのワキ毛は処理した方がええんとちがう？」と聞くと「ワキ毛は伸びてるのが普通や」と言います。

「ワキ毛は処理するもんやろ？」と聞くと、女は「ワキ毛は伸びてるのが本来の姿でし

ワキ毛は伸ばして当然でしょ?、
・・・・

ょ！」と言う。私が「なんとかしてくれ、人前で恥ずかしいやろ」と言うと、女は「いやや～！　ワキ毛は伸びてるのが本来の姿や～～！」と断固拒否してました。

後日、この女から「結婚はもうちょっと待って」と言われました。誰もそんなことは口にしてないのですが。

私はいま市民団体の活動を休止していますが、近いうちに復活して、別の団体で女を口説こうと思っています。

それと、３人の女のデータを以下に書いておきます。

▼35歳処女……メガネ、ワキ毛、普通体型、セックスは感じやすい

▼36歳バツ２……少し太ってる、ユルマン、子持ち

▼38歳処女……ガリガリ、オメコはきつかったが、あまり入れた感じがしない

一長一短ありますが総合的な女の質ではイマイチ感あり。

けれどタダでセックスできるのはいいことです。ただし妊娠でもさせてしまうと中絶反対派の女たちなので結婚は避けられないかもしれません。

市民団体の女はあまり美人は少ない方です。オンナの魅力を感じる人がほとんどいません。けれど口説きやすく、反面、一途なので性病予防には適しています。援助交際の女に金を払ってもほとんどがゴム有りだと思います。

ですから無料のセックスや生セックスしたい人、ワキ毛フェチの人は、左翼市民団体の活用をオススメします。

「裏モノJAPAN」読者投稿傑作選

「おじちゃんにチンポ入れられてます！」中学以来の大親友の娘を性奴隷にしてしまった

小林大輔／東京都 47歳 会社員

東北の片田舎で生まれ育ったおれは、高校卒業後、都内の大学に入学した。今からもう30年も前のことだ。

中学時代からの大親友ケンジも同じく進学のために上京し、共に知り合いのいない田舎モノ同士、毎日のように語り合ったものだった。

「裏モノJAPAN」2010年6月号掲載

大学を出てそれぞれ都内の企業に就職すると、26歳でケンジが結婚。まもなく娘1人、息子1人の父親となった。

ヤツから遅れること4年、会社の後輩女性と入籍したおれもまた、その数年後に長男と長女を授かった。

親友同士とはいえ、普通、家庭を持てば疎遠になりがちだが、おれたちの場合は違った。気軽に互いの自宅に顔を出し合い、夏や冬には家族ぐるみで海や温泉にも出かける。自然、両家の子供たちはそれぞれの「父親の親友」によくなついた。

おれにとってケンジの子供は、甥っ子や姪っ子同然だった。なにせ産まれた日のことはもちろん、言葉を覚えたころや反抗期も含め、その成長の過程をすべて目にしてきたのだから。

あれから幾年月、いつしかおれたちは40半ばのオヤジとなり、子供らはいっぱしの大人へと育っていた。

「お父さんには内緒だよ」「うん、わかってる」

昨年夏のとある週末。数カ月ぶりにケンジの家を訪れたその日、おれはいつものようにヤツと昼酒を飲み、甲子園を観ていた。

「おじちゃん、こんにちは」

居間に、ケンジの長女・仁美がふらっと顔を出した。多分メイクのせいだろう。その年の春から都内の私大に通っている彼女は、以前会ったときよりずっと大人びて見えた。親父に似ず良かったとつくづく仁美の顔を眺めてると、彼女が思い出したように言う。

「そういえばアタシ、スナックでバイト始めたんだ。おじちゃん飲みに来てよ」

「は、スナック？　お父さん、よく許したな」

その声にケンジが憮然と反応する。

「しょうがねえだろ。やりたいってきかないんだから」

情けない父親だ。娘に言い負かされるなんて。

翌週の仕事帰り、さっそく教えられたスナックに足を運んだ。仕事ぶりを偵察がてら一杯ひっかけるのも悪くない。

「あ、おじちゃん、来てくれたんだ。うれしー」

満面の笑みを浮かべる仁美に、思わずドキリとしてしまった。ばっくりと背中の開いたドレスを着た彼女は、おれの知っている仁美とは別人だった。しなやかな手つきでお酌する姿には妙な色気さえ感じる。

以来、おれは頻繁にスナックへ通うようになった。仁美には「お前に変な虫がつかないか心配だから」と冗談半分に言っていたが、実際は、彼女と飲むのが単純に楽しかったのである。

大親友の娘。姪っ子同然にかわいがってきた子供。だから恋愛感情のようなものは、やはりどうしても湧いてはこない。しかし、まだ若い裏モノ読者にはわかりにくいかもしれないが、性欲は別である。いつしかおれは、彼女とヤリたいとはっきり自覚しはじめていた。

もちろん、それをやっちゃお終いだってのはわかっている。大切な親友に対して、これ以上の裏切り行為はない。

しかし、理性というものは往々にして欲望に負けてしまう。

肌寒い秋の深夜、アフターで仁美としこたま飲んだ帰り道、おれはアルコールに満たされた頭で、彼女をホテルに連れ込む決意をした。拒まれたらどうする。ケンジにバレたらどうする。そんな考えはまったくなかった。

無言のままホテル街へと誘導するおれに、仁美は素直についてきた。

「お父さんには内緒だよ」

「うん、わかってる」

「…ハアハア、おじちゃんに…入れられてる」

仁美はドMだった。正常位でハメてる最中に、彼女の両手をバンザイの格好で押さえつけると、あえぎ声が一段と大きくなるのだ。

試しにバックで挿入したまま、強く尻をぶってみる。

「ああぁ！　うう〜ううっ」

今度は泣き叫ぶような声を上げ、悶えてイッた。

マゾ女、仁美。あくまで想像だが、ホテルにのこのこついてきたのも「父親の親友にヤられる」というシチュエーションに興奮したからなのかもしれない。

2人の関係をケンジが気づくことはなく、その後おれは仁美と密会するたび、彼女を調教して自分の中のサディズムを満たすようになった。

緊縛、剃毛、飲尿。他にもノーパンのまま街中を歩かせたり、リモコンローターを装着したまま満員電車に乗せたりもする。仁美は完全におれの性奴隷となった。

しかし、2人がもっとも興奮するのは、何と言ってもことば責めだ。

「いま誰に何されてる？」

親友の娘と・・・
イヒヒ♥

「…ハアハア、おじちゃんに…入れられてる」

「もっと正確に」

「お父さんの…あん…親友のダイスケおじちゃんに…うう…チンポを入れられてます」

「お父さんの親友にチンポ入れられてるのにマンコびしょびしょじゃん」

「やだ…。あっイクイク！」

彼女との密会が始まってからも、おれはこれまで通りケンジの自宅へ足を運び、変わらぬ態度でヤツに接した。

そして2人の会話を何食わぬ顔で聞いている仁美は、その背徳感をプレイのスパイスにして、大きな声でアエぐのだった。

「仁美ちゃん、お父さんの前ではあんなに澄ました顔してるのにね」

「ダメ…ああ、言わないで、あっイク！」

㋞

彼女の目に男の友情 はどういうものとして映っているのだろう。かなり安っぽくとらえられてることは間違いなさそうだけど。

「裏モノJAPAN」読者投稿傑作選 本当にエロい実話50

菊田のりお／長野県 29歳 介護職

狭い町だからこそ起きる感激。〈剣道大会でも優勝したんだよ〉ガードゆるゆる女の彼氏はあいつだった

俺は日ごろからケータイ版のミクシィを駆使し、始めてから3カ月で、8人とお手合わせをした。まずまずの成果といっていいだろう。

しかし不満がないわけでもない。近所に住む女ばかり狙っていると、顔見知りとバッティングしてしまう可能性が高いのだ。田舎町に住む者のかなしい宿命である。

「裏モノJAPAN」2010年3月号掲載

そして2009年12月、その不安はついに現実のものとなったのだが、結果的にはなかなか興奮度の高い、貴重なセックスを堪能できたので満足している。なぜなら、その相手というのが…。

非常にガードのユルい女

俺のミクシィナンパの手口はオーソドックスだ。検索で同じ県（できれば同じ市内）に在住する若い女を見つけ、相手が日記を書いていたら、まずはコメントを記入する。それをマメにくり返して仲良くなって、サイト内メールのやり取り→直メの交換へと進んでいく。

アケミ（仮名）と携帯メールのやり取りを始めるようになったのも、同様の手順だ。同じ地元の看護学校に通う生徒で、歳は21。他にも同時進行でアタックしていた女は何人かいたが、ヤリたい度でいえばもっとも年少である彼女が一番だった。ロリコン気質な俺にとって、若さより優先される条件は存在しない。

もちろん、勝算はあった。わずかなメールのやり取りで、彼女が非常にガードのユルい女だと判明したからである。

たとえばこんな感じだ。

〈変なこと聞くけど、イッたことってある?〉

〈イッたことない…。どうしたらイケるの?〉

〈クリと穴を同時に責めるといいらしいよ〉

〈そうなの!?〉

〈あとはGスポットを刺激すればいいかな〉

〈えーっ、ナニそれ。Gスポットってどこ?〉

〈穴に指入れて5センチくらいのところを触ってごらん。ザラザラしたところがあったら、そこだよ〉

〈ありがとう。今度試してみるね!〉

こりゃあ、エッチに興味津々だな。

条件に該当する男はあいつしかいない

案の定、アケミと会う約束を取り付けるまでに、時間はさほどかからなかった。バカみたいに単純な手に、あっさり食いついてきたのだ。

〈アケミちゃん、EXILEとか嵐が好きなんだよね？　俺、EXILEと嵐の音楽データたくさんもってるから、DVD－Rに焼いてあげるよ。今度会わない？〉

〈マジ？　うれしい。会う会う。来週の月曜日でもいい？　夜なら空いてるし〉

〈エッチはありだよね？〉

いつもの俺なら、女と会う前に、こんなバカなことは聞かない。相手がユルユルのアケミだからこそ、ダメ押ししたくなったのだ。

〈うーん、エッチかあ…。でも音楽データもらえるし、いいよ！〉

はい一丁あがり。

ところがである。迎えた当日、約束の時間まであと2時間という段になって、アケミが急にゴネだした。

〈やっぱりエッチしないとダメかな…？〉

はあ？　何だよ今さら。舌打ちしながらメールを返す。

〈どうしたの急に〉

〈なんだか彼氏に悪くて…〉

いまさら彼氏の存在を打ち明けられても困る。俺はアケミの説得に躍起となった。

〈アケミちゃん、来年の3月で卒業だよね？　そしたら故郷（俺の地元からはかなりの

遠方〉に帰るんでしょ？　だったらそこで彼氏ともお別れだし、気にする必要ないんじゃないかな？〉

〈そうなんだけど…。でもやっぱムリかも〉

どうも旗色が悪い。話題を少し変えてみよう。

〈ちなみに彼氏ってどんな人？〉

〈歳は26で、市役所で働いてる。まじめで優しいの〉

ほう。俺の弟と歳も職場も一緒か。世間は狭いな。しかしそのメールの後半部分を読んだとき、背すじに悪寒が走った。

〈おまけにスポーツマンで、市の剣道大会でも優勝したんだよ〉

……26歳の市役所勤務で、剣道大会の優勝者。その条件に該当する人物はこの町に2人といない。弟じゃん！

彼氏と俺どっちがいい？「こっちの方がいい！」

結局、倖田來未のデータも追加するという条件で、デートのドタキャンは免れた。

つまり、アケミが弟の彼女だと知っても、俺の強靭な性欲は少しも衰えなかったわけだが、もちろん心中は複雑だった。……バレたら絶対に殺されるな。

しかし、胸の片隅に残っていたほんの小さな罪悪感は、学生寮の玄関から出てきたアケミの姿を見た瞬間、跡形もなく消えた。幼児体型をジャージで包んだメガネっ子。これほどロリ魂を萌えさせてくれる光景はない。くおお、最高だ。

彼女を車に乗せ、一路、ホテルへ。シャワーを浴びる時間さえ惜しむように、そのままベッドに押し倒す。

「あ、恥ずかしい。私、ムネ小さいんだ…」

「それがいいんだよ」

感動の声をあげながら、彼女の体にむしゃぶりつく。

「ああ、あん」

「気持ちいい？　彼氏と俺、どっちがいい？」

「うう、ああ、こっちの方がいい～。いい～」

いつものセックスより数段興奮するのは、当然、弟の彼女を抱いている現実のせいだろう。この背徳な香りがたまらなくいい。

まだ成熟しきっていない、わずかに固さの残る乳房を鷲摑みながら、俺は、えんえんと腰を振り続けた。

弟の彼女と
あふぅ
セックス!!!

☺

アケミとはあれ以来、1度も会ってない。彼女からのメールを読む限り、望めばすぐにヤレそうな気配なのだが、それではさすがに弟がかわいそうである。なんて言う資格はないですよね。ええ、わかってます。

レイプ小説を書いた男を招き自室で激しく犯させる、麻布の2DKに住む26歳美女

森田きっちょむ／東京都 31歳 会社員

2010年9月。その日、おれは『ナンネット』なるサイトを見ていた。

ナンネットとはアダルト系SNSのひとつで、露出やSM、乱交など、濃い目の性癖を持ったユーザーがやたらと多いという特色がある。

女性会員のプロフをみれば、

「映画館で痴漢プレイをしてくれる人いませんか？」

「裏モノJAPAN」2011年3月号掲載

「ＳＭに詳しい紳士の方、私を調教してください」

こんなアケスケな文言ばかりが並び、ナマ乳や下着姿の画像をアップしてる者も大勢いる。

しかし、だからこそ逆に、実際に会えるかどうかとなると眉唾ものではある。ネット上だけ淫らなフリしてる女なんていっぱいいそうだし。

東京エリアで検索をかけ、そんなエロ女たちをチェックしていたところ、間もなく、おれはトンでもなくハイレベルな写真を見つけた。

26歳、カオル。下着姿の本人画像（複数枚ある）には目線こそつけられているが、そんなものでは隠しきれないイイ女オーラがプンプンと漂ってくる。プロポーションも抜群だ。まるで現役モデルじゃん！

が、その先の一文を読んで一気に萎えた。

「リアルな出会いは求めてません。私を主人公にした官能小説を書いてくれるとうれしいな」

そんな面倒くさいもん書いてられるか！

と思いつつも、他のページへ飛ばなかったのは、どことなく後ろ髪引かれる思いがあったからだろう。小説を足がかりにすれば、彼女とお近づきになるチャンスがあるのでは？

超ヤバイんですけど。3回もオナちゃった

『カオルのアソコはビショビショだった。そこへトオルのペニスがゆっくりと入っていった。カオルは思わず「ああ、感じる」と叫んだ……』

寝る間を惜しんで完成させた小説を、サイト内メールで彼女に送った。果たしてこんなシロート丸出しのエロ小説に食いついてくれるのか。

翌日、彼女からそっけない返事が届いた。

「できれば、小汚いオヤジに無理やり犯されるようなシチュエーションがいいんですけど。できますか？」

力作への感想がまったくないことにもムカついたが、何より腹立たしいのは、彼女に返した「はい、やってみます。ところでカオルさんってキレイですね」というメールが完全に無視されたことだ。エロ小説以外にはまるで関心がないらしい。

そうかい。んじゃお望みのレイプ小説を書いてやるよ。ただし、やる気はあっても書く技術も才能もないので、本屋で売られている小説を丸パクしてやる。

『押し倒されたカオルの鼻先に黒光りするペニスが押し当てられた。プーンと生臭いニ

オイが漂う。「お前、姦っちまうぞ」「嫌、やめてぇ！」カオルの哀願を無視するかのように、浮浪者が強欲な肉棒を女の唇にこじ入れる……』

いきなり文章力がアップして疑われやしないか。そんな不安は杞憂に終わった。

「アソコが濡れちゃいました(笑)。今までいろんな人に小説を送ってもらったけど一番よかったです。また書いてもらえますか？」

むろん書いた。前回同様、丸パクで。たまたま乗ったタクシーの運転手が実は連続強姦魔で、泣き叫ぶカオルの首を絞めながら墓地で犯すという内容だ。

反応は上々だった。

「超ヤバイんですけど。3回もオナっちゃった(笑)。もしかして作家志望なの？」

おれ自身に興味を示しだしたあたり、風向きは完全に変わったようだ。いいぞいいぞ。

「昔の話だけどね。今は普通のサラリーマンだよ」

「でも、あんな小説書くくらいだから、相当サディスティックでしょ？　興味ある～」

こうなると、後の展開は早かった。何度か他愛ないメールのやり取りを続けるうち、なんと彼女からうれしすぎる提案が。

「今週末ヒマなの。飲みにいきませんか？」

小説みたいに乱暴に犯して

迎えた当日、待ち合わせの麻布十番に現れたカオルを見て、思わず目を見開いた。想像してたのより2倍、いや5倍はカワイイんですけど。

「あ、はじめまして。とりあえずどっか店に入ろうか」

ガラにもなく緊張するおれに、カオルはサラリと言う。

「私のマンション、すぐそこなの。ウチで飲もうよ」

連れていかれたのは、広さ2DKの超豪華な造りのマンションだった。とてもじゃないが、フツーの26歳が住める代物ではない。

「すごいとこ住んでるね。家賃とかどうしてるの？」

「プライベートなことは聞かないでって約束でしょ」

この美貌だ。きっと大金持ちのヒヒジジイにでも囲われてるんだろう。

さて、これはいったいどういうことなのか。部屋に招いたってことは、そういうことだよな。

ソファに並んで座り、恐る恐るブラウスのボタンをはずしていく。しかしどうにも解せない。あんな変態サイトにこんな美女がいるなんて。美人局《つつもたせ》なんかじゃないだろな。

戸惑うおれを見てカオルが言う。

「ねえ、お願い。小説みたいに乱暴に犯して」

わかった、そういうことならもうなるようになれだ。

おれはためらわずビンタをくれ、彼女の首を強めに絞めた。同時に自分の身体を両足の間に滑り込ませ、まだ十分に濡れきってない股間に腰を沈める。

「うう、やめて。苦しい～」

「うるせえ、ド変態が。ホントは感じてんだろ。おら、よがってみろよ」

「ああ、気持ちいい。オマンコ気持ちいいよー！　もっとメチャクチャにしてぇぇ!!」

リクエストどおり、髪の毛をワシ摑みにして、頭をソファにガンガン打ちつける。その途端、膣の締まりがグッと増した。


ふと浮かんだ疑問を口にしてみる。

「こういう感じで男と会うのは初めて？」

「ううん、4回目くらいかな。レイプっぽい小説に興奮すると、書いた人と会いたくなっちゃうんだよね」

ドMここに極まれりといったところか。彼女のプロフは2011年1月7日現在もナンネットに載っている。

「裏モノJAPAN」読者投稿傑作選

戸田正貴／愛知県　36歳　フリーター

一生懸命しゃぶってくれそうだ。難聴女子とのプチエンコーはやはりというか、この結末に

「裏モノJAPAN」2012年12月号掲載

旨みがなければすぐ逃げ出したい

その日、出会い系サイトのアダルト掲示板に書き込まれた内容は少し奇妙なものだった。投稿のタイトルは〈**身体ワケありですが、お話わかる方**〉。顔写真もなければアバ

ターにも何の手も加えられていない。

　こいつはシロート臭がぷんぷんする。年齢が20歳ということもあって、オレはすぐさまメッセージを送った。

〈掲示板の書き込み見ました。お話ってなんでしょうか〉

　メッセージはすぐに返ってきた。

〈本番は無理でマンガ喫茶でプチで会える方探してます〉

　プチか。一瞬落胆したオレだが、プチエンコーには上玉が潜んでいることが多々ある。

〈いいですよ！　いくらですか？〉

〈フェラで5千円でお願いします。あと私、難聴なんですけど大丈夫ですか？〉

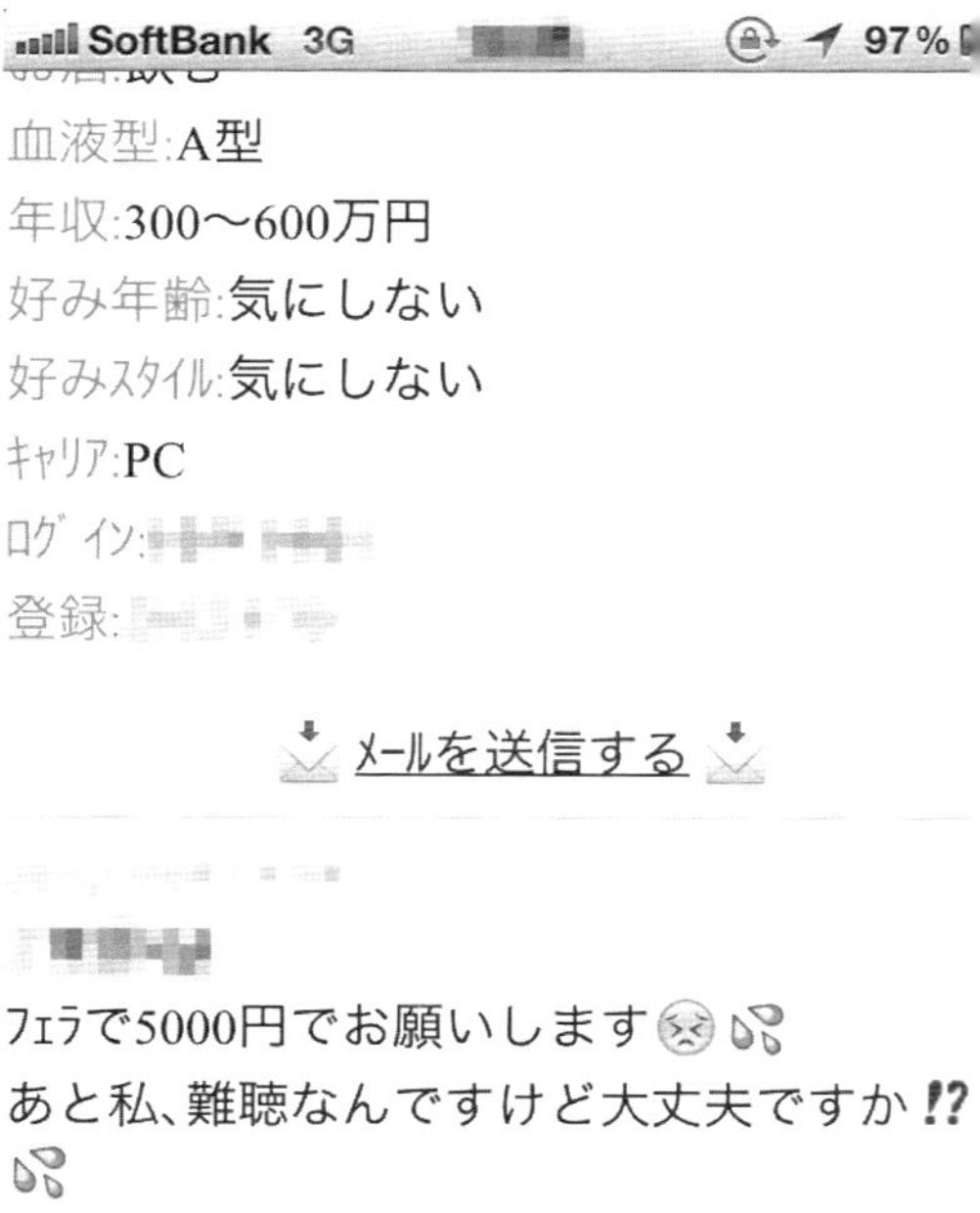

難聴？　軽く想像してみると、なんだかそそるものがある。一生懸命にフェラチオしてくれそうなイメージじゃないか。

待ち合わせのコンビニ前に立っていたその女は、遠目から見ても上玉でないことは明らかだった。身長が高く、服装は小学校の国語の先生のような地味ワンピースで、肩まで伸ばしたストレートの髪はボサボサ。顔つきは柔道の吉田沙保里にどことなく似ている。難聴という旨み(?)がなければすぐ逃げ出したいほどだ。

車を降りて話しかける。

「じゃあ、行きますか」

彼女は軽く会釈をして助手席に座り込んだ。

「マンガ喫茶ってこの通りずっとまっすぐ行って右のところでいいんだよね」

彼女は特に反応を示さない。あ、そうか。耳が聞こえないんだったよな。

マンガ喫茶に入ると、受付で彼女は2人用のカップルシートを指さし、ドリンクバーに立ち寄ってグラスにメロンソーダを注いだあと、ウエットティッシュを2つ手に持ち、個室に入った。

この流れるような行動、彼女はどうやらエンコー初心者ではなく、多少の場数を踏んでいるようだ。

その声ってもしかして

5千円を渡し、仰向けに横になると、彼女は黙ってベルトに手をかけジーパンをズリ下げた。パンツの上から軽く感触を確かめるようにチンコをなで、サオを取り出してペロリと舌を動かす。なかなかのテクニシャンだ。

その後はパクリとくわえて、唾液をたっぷりつけて口を上下に。

次第に快感が高まってきたオレは、身体を起こして彼女の股間にそっと手を近づけた。

「……」

即座に身をよじって逃げられた。難聴だからこそ、そのへんの反応はかえって素早いのかもしれない。

いったんあきらめて、ワンピースの上から胸をモミモミ。さらに彼女の頭をオレの胸元へ誘導し、乳首を吸わせる。いいぞ、顔は吉田沙保里でもこのテクは拾いもんだ。

頃合いを見て、また手マンへと行動を移した。なにせ相手は難聴で声も出せないのだから、少々強引に触ってもかまわないだろう。うりゃ、どんなマンコしてんだよ！

今度は手首をつかまれた。くそっ、離せ。なんだよ、お前、チカラ強いな。

難聴プチエンコー女
…本当に難聴?
その正体は…
ジュポジュポ
そですよー

「やめてよ！」

野太い声が響いた。なんだよ、話せるのかよ。いやいや、その声ってもしかして……。

女はまた無言でフェラを再開し、最後はのどの奥で精液を迎え入れた。えっと、あの、気持ち良かったけど、君って男だよね？

オカマが考え出した苦肉の策、難聴を装ったプチエンコーの書き込みは、今も愛知県の出会い系サイトでよく見つかる。お好きな人はどうぞ。

本当にエロい実話50
「裏モノJAPAN」読者投稿傑作選

逆ナン出会いカフェで家庭教師の元教え子に指名されてしまいました

立崎ワタル（仮名）／埼玉県 26歳 会社員

「裏モノJAPAN」2014年4月号掲載

逆ナン出会いカフェをご存知だろうか？

通常の出会いカフェと違い、女がマジックミラー越しに男を選ぶシステムなので、女の子が自分を気に入ってくれている前提で交渉できるのが利点だ。

それが気に入ってちょくちょく利用させてもらっていたのだが、２０１３年の秋ごろちょっとした事件が起きた。

「立崎先生ですよね？　私のこと覚えてます？」

その日も何人かの女の子からご指名があり、ブスの援交女や、ご飯だけ奢らせ小遣いをせびる茶メシ回転嬢たちと少し話をしては受け流していたのだが、夕方過ぎごろ、トークルームで待っていたのはごくごく普通の女子大生といった雰囲気の女の子だった。

「立崎先生ですよね？　私のこと覚えてます？」

「先生？　へ？」

「篠田千帆（仮名）です」

「……えっ！　あの篠田か!?」

今から6年ほど前、俺は東京の大学に通いながら、埼玉の実家近くで、中学生相手に家庭教師のアルバイトをしていた。

といってもマンツーマンではなく、女の子を男性教師に見てもらうのが不安だと考える親が、1人の自宅に複数の生徒を集めて勉強を教える集団家庭教師のようなシステムで、篠田はそのときの3人の生徒のうちの1人だった。俺が先生と呼ばれていたのは、後にも先にもあの時しかない。

大学生の俺にとって、女子中学生は子供にしか見えなかったたし、勉強を教えている間も、彼女たちの話題は部活や友達のことなど他愛のないものばかり。色恋沙汰になどなるはずもない相手だった。

よもや、そんな子の１人とこんな場所で遭遇するなんて。

「いや、ちょっとな、知り合いに面白いトコがあるって聞いたから、どんな場所か見に来たんだよ」

「ふーん、そうなんだ。先生ホント久しぶりだねー」

「ああ、そうだな。ところでオマエはこんなとこでナニやってんだ？」

「え〜、先生こそホントはナニしてたんですか？　わたし鏡越しに先生見つけたとき、思わず爆笑しちゃいましたよ」

当時の篠田は、短い髪の典型的なスポーツ少女で、パッと見は男の子と見分けがつかないほどだったのに、今は肩まで髪を伸ばし、カーディガンの上から小振りな胸の膨らみがハッキリとわかるようになっていた。

「篠田も女の子っぽくなったなー。ひょっとしてエンコーとかもやってんのか？」

「うーん…、たまにね。先生だったらイチゴーでいいよ」

「……オマエそんな…」

思わず当時のノリで説教するところだったが、すぐに言葉を呑み込んだ。当時の教え子がこうして目の前にエンコー娘として現れるなんてことはこの先絶対にないだろう。こんなビッグチャンス、みすみす逃していいものか。

「そうか。じゃ、外出るか？」

「うん。出よう出よう」

教えることなど何一つなかった

ホテルに向かう途中で話を聞いた。

中学を卒業して都内の女子高に入学した彼女は、特にグレるわけでもなく、1度も彼氏を作らないままごく平凡な学生生活を送ったが、現在通っている語学専門学校の女友達に援交を教わり、ちょくちょく出会いカフェに顔を出すようになったらしい。

「でも、キモイオッサンとかとはしないし、ご飯一緒に食べてお小遣いもらったりがほとんどですよ」

「でもよく俺を指名したよな。バレたらヤバいとは思わなかったのか？」

「だって、わたしより先生の方が恥ずかしいでしょ？」

ラブホテルに到着したころには、得体の知れないドキドキ感に包まれていた。今は大人になったとはいえ、当時中学生だった教え子とラブホテルに来るなんて…。

篠田の方もさっきまでの笑顔が消え、急にしおらしい表情に変わっている。ヤバい、勃起してきた。

部屋に入った直後、抱き寄せてキスをすると、「んんっ」と色っぽい声を上げながら舌を絡めてきた。ションベンくさいガキだったのに、こんなエロくさいキスを…。もうたまらん！

シャワーも浴びずにそのままベッドに押し倒し、服をめくり上げると予想以上に派手なブラが現れた。すばやくめくり上げて、さほど大きくないオッパイにむしゃぶりつく。

「ん…ああっ、先生、ヤバい…気持ちいい」

そのセリフで一気に火がつき、一瞬で互いの服を脱ぎ去ると、篠田がビンビンになったチンコに手を伸ばし指先で亀頭をコネコネ。と同時に乳首をペロペロ。

「篠田…オマエどこでこんなこと…」

「え〜そんな気持ちいいですか？」

その後のプレイも終始彼女のペースで進んでいった。フェラをさせれば最初はチロチロからのバキュームディープスロートを繰り出すし、騎乗位での腰の動きは上下前後左

オマエ…どこで
こんなコト覚えたんだ…
じゅぽ
じゅぽ
ウフフ
元・教え子と援交

右の異次元殺法の如し。大興奮の中、あっという間に元教え子のお腹の上に大量の精子を吐き出したのだった。

シャワーを浴び終えると彼女がブラウスのボタンを閉めながら言う。

「じゃ先生、約束のイチゴーわすれないでね」

もはや今の彼女には、俺が教えることなど何一つなかった。立派になったな。

大学バスケ部の女子マネージャーとデキちゃった結婚した俺を失意のどん底へ落とした出来事

山田 守（仮名）／神奈川県 23歳 土木業

生ハメを切望してくる好き者マネージャー

２０１０年、オレはバスケの強豪として知られる首都圏の某マンモス私大に入学した。高校時代、インターハイでの活躍が評価され、スポーツ推薦でこの大学に入学したのだ。

「裏モノJAPAN」2014年11月号掲載

4月からすぐにバスケ漬けの日々がはじまった。大学の授業はそこそこに、1日の大半をバスケに費やすようになり、入学から1ヶ月も過ぎた頃にはオレの人間関係は部活内のみで完結するようになった。

キャンパス内では言うまでもなく、住むところすら部員と同じ大学寮。そんな部活中心の生活のなかで、マネージャーのA子と最初の関係を持ったのは、夏合宿終了後に開かれた2人きりの飲み会のあとのことだった。A子は大学バスケ界の名門と言われるうちの大学に憧れて入学した1人であり、オレの学年のなかではいわゆるマドンナ的存在だ。

この日は、補欠メンバーとしてくすぶってたオレのことを励ますべく、A子がほかの部員には内緒で飲みに誘ってくれたのである。

当初はオレが彼女に励まされるような展開だったが、次第に話題は互いのプライベートな領域へ移っていった。というのも、A子はつい最近彼氏にフラレたばかりだというのだ！

「A子をフるなんて、そんなもったいないことぜったいできないよ」

「アハハ！　そんなことないよ、何言ってるの～」

「オレだったら毎日ヤりまくるけどね！」

慣れない酒をあおり、気づけば泥酔していたオレたちは、いちゃついたまま自然とホテルに吸い込まれていったのである。

そしてこの日以来、オレたちは部内のメンバーに秘密で会うようになる。練習や試合のない日には昼間からラブホテルに入ってセックス三昧だ。A子はかなりの好き者で、早朝の誰もいない部室で生ハメを切望してくることもあった。

おもしろいことに、オレはA子と付き合うようになってから部活で活躍の場が与えられるようになった。秋には1年生で唯一レギュラーの座を獲得し、2年生を迎えたころには同学年を引っ張っていく立場になったのである。これもすべてA子のおかげだと思いたくなるくらいに彼女は「あげまん」なのだ。

そんな上り調子だったオレの部活生活だったが、2年生の夏、挫折を経験することになる。準決勝で当たったT大学にボロ負けしてしまったのだ。最大の敗因は、敵の身体能力の高さだ。外国人やハーフの選手を複数人擁するT大に、こちらはまったく歯が立たない。オレたちにとって多くの課題を残す結果となった。

その日以来、オレたちはこれまで以上に練習漬けの日々を過ごすこととなった。監督の期待もあり、オレはチームの中心として動くようになったため、当然A子とプライベートで会う時間は徐々に減っていった。セックスも生入れ即出しとサッと済ませる形が増えていき、これにA子は不満気な様子だったが、オレがもともと部活一筋であることを彼女は理解してくれているし、問題ないだろうと信じていた。

ボコボコにやられたT大の選手と…

そんな矢先、事件が起こる。

ある日、練習終わりにA子から呼び出された。いつもと違い、やけにシリアスな表情だ。どうした?

「生理が来ないの。妊娠してるかもしれないの」

「は?」

一瞬、言葉を失った。

たしかに生入れはしていたものの、外出しを基本としていたし、中出しをしてしまったときもすぐにシャワーで入念にマンコを洗わせていたからそれはないだろう。

だが翌日、その楽観的見方は覆される。A子の妊娠2カ月が発覚したのだ。言うまでもなく、いまのオレからすれば産む選択肢などありえない。それはA子も一緒だろう。

「どうすんの?　いまはお互い部活が大事だよね」

「え？　なに言ってるの？」

なんと、彼女は出産を強く希望したのだ。

部での本格的な活躍がまさにこれからだというオレにとって、それは自らの夢を断つことにほかならない。簡単に受け入れられる話ではない。

「悪いけど、お互いの将来のために今回は見送るっていうのも考えたほうがいいと思うんだよ」

「なんでそんなこと言うの？　ヤるだけヤってすぐに堕ろすとか言わないでよ！」

結局、話し合いにすら至らずに彼女の主張が受け入れられることになった。1週間後、オレたちは部内のメンバーの前で妊娠を報告し、2人で大学中退を決めた。

こうして、2人での結婚生活がはじまった。体力だけは自信があるオレは大学近くの建設会社で働き、A子は出産直前までスーパーでバイトをすることになった。たいして貯金もないのだから、いまは必死で働くほかないだろう。

翌年8月。同期が部活の中心メンバーになっている中、オレは1児の父親になる瞬間を迎える。

陣痛が始まったA子を乗せ、病院まで連れていく。オレも分娩室に入り、A子の出産を見守る。

「オギャアアアアアア！　オギャアアア！」

は？　なんだこれ！　目の前の光景をオレは信じることができなかった。なんと、彼女の身体から出てきたのは、小さな小さな黒いかたまりだったのである。そう、生まれてきたのは紛れもなく黒人の赤ちゃんなのだ。

お互い言葉をなくし、2人きりになったところで彼女が口を開く。

「ごめん、たぶんなんだけど……」

A子の説明はこうだ。オレが試合に出て活躍するようになった2年生の夏。あの準決勝でボコボコにやられたT大の黒人選手と彼女は肉体関係を持ったというのだ。試合終了後、軽く挨拶を

交わしたあとに連絡先を交換、彼の友人も含めた外国人のパーティに足を運んだその日にセックスし、それから複数回ヤツと関係を持ったという。そう、オレが部活で頭角をあらわし始めていたその時に。

「でも、私はこの子を育てていくから！」

A子の決意にオレは言葉を失う。当然、すぐに離婚が成立。現在、A子はシングルマザーとして黒人の子どもを育てている。

仙頭正教／裏モノJAPAN編集部

「ヤマザキさんだろ？ そうならうなずけ！」住所を載せて擬似レイプを希望していた女性のアパートに行ってみたら

『擬似レイプ体験パートナー募集掲示板』というサイトを発見した。その名のとおり、レイプごっこをしたい男女が集う場所らしい。

〈たか／都内住み。犯したい〉

〈チヒロ／犯されるの好き。メール下さい〉

「裏モノJAPAN」2015年5月号掲載

〈ゆう／無理矢理されたい子いませんか？〉

おかしなサイトもあったもんだと眺めていると、ある女の書き込みが目にとまった。

〈ヤマザキ／彼が4月半ばまで出張で帰ってこないので、毎日、襲い放題です。リアル指向。多少の暴力、口封じ、拘束ＯＫ。ピル飲んでるので中出しＯＫ。東京都杉並区○○－××２０３号〉

自宅に襲いに来いってか？　ホントかよ！

「指紋とか付けたらめんどくさくなるぞ」

夜9時。半信半疑で向かった住所の場所は、住宅街のアパートだった。

緊張しつつ2階へ。突き当たりの部屋を見た瞬間、ドキッとした。ココですよと言わんばかりに、トビラに「２０３号」という自作シールが貼ってあるのだ。

とりあえずインターホンを押してみる。

……反応はない。レイプごっこだけに勝手に入って来いって感じだったりして？　しかし、恐る恐るドアノブを回してみたがカギがかかっていた。…留守だろうか。

いったん部屋を離れ、アパートの前で様子を窺うことに。と、どこからともなく2人組のオッサンが現れた。

「にーさん、同業でしょ？」

そう言って、チョコボール向井似の男がアパートをじーっと眺める。続いてプロレスラーみたいな体格のゴツイ男も。

「部屋それだろ？」

「まだ帰ってないっぽいな」

こいつら、掲示板を見てきたんだな！

「…そうなんですよ。ぼくドア引っ張ってみたんですけど、カギもかかってましたよ」

「そういうことしたの？」

「あ、はい」

「おいおい気を付けろよ。こういうのはさ、誰かが部屋の住人を恨んで書き込んだみたいなことがあるから、場合によっちゃ警察沙汰だから。うかつに指紋とか付けたらめんどくさくなるぞ」

…確かにそうだな。ていうか、こいつらのこの感じ、しょっちゅうこういうことやってんのか？

その後、さらにサラリーマン風が2人やってきて、仲間はオレを含めて5人になった。

「…そうならうなずけ！」


路上でウロついていると近所の住人に怪しまれかねないので、近くの公園で見張ることに。駅からアパートに帰ってくれば必ず通るであろう路地をチェックできるロケーションだ。

「おっ、あの女？」

「はいはい。ああいうブスはドMが多いしなぁ」

「じゃあレッツゴーしますか」

「いや、他のアパート入っちゃったよ。残念」

連中はコンビニで買ってきた缶ビールを飲みながら、ナンパにでも行くくらいのノリだ。

「そう言えばオレ、前にこの掲示板で見つけた女の家に行ったことあるけど、すぐこの近くだよ」

「家教えてよ」

「いいけど、リアル指向のヤツだから大変だよ。オレ、最初は取っ組み合いになっちゃったし」

アパート前をうろちょろする男たち

「面白そうじゃん！」

こいつら、大丈夫かよ…。

しかし、肝心のアパートの女はなかなか現れない。そのうちにサラリーマン風コンビは「また明日来ます」と帰っていった。

そして深夜0時。そろそろ終電の時間帯だ。

「今日はもう出てこねーかもな。たぶん部屋でビビって隠れてるか、酒飲み過ぎて泥酔って感じじゃね？」

チョコがそろそろ撤収しようと言い出したときだった。一人の若い女が通り過ぎた。

…ん？　あのコ、アパートへ向かっていくんだけど⁉　バクンと心臓が鳴った。ついに来たのか！

アパートの入り口でチョコが声をかけた。

「ヤマザキさんだよね？」

「えっ、あ、はい」

本人だ！　襲うのか⁉

「…そうならうなずけ！」

「えっ？」

彼女はキョトンとしている。どうなんだこの反応？

1秒、2秒、3秒くらい間があいたろうか。チョコが後ろのレスラーとオレに「待て」と手をかざした。

「よし、わかった。おねーさん、申し訳ない」

違ったのか！　すごい判断力だ。

「今から説明するけど、落ち着いて聞いてよ。実はネット掲示板におねーさんの名前と住所が書かれていたわけ。レイプをしてほしいって」

彼女はみるみる青ざめていく。

「イタズラだと思うんだけど、おねーさん誰かに恨まれてない？　例えば昔付き合ってたオトコとか？」

「…もしかしたら」

あるのか！

「私の今のカレシの元カノかもしれません。いろいろあってかなり恨まれてるんで…。警察に行きたいんですけど、一緒に来て説明してもらえませんか？」

「警察ねぇ…それはまあ勘弁してよ。オレらもヘンに疑われるのはいやだし」

チョコとレスラーは苦笑いしている。そこは突き放すんかい！

「とにかく、今日は誰かが襲いにくるかもしれないし、電気はつけないほうがいい。明日以降は、一刻も早く引っ越したほうがいいよ」

彼女は納得しないようだったが、そのまま帰っていった。

この掲示板、こんな嫌がらせに使われたら、当人の恐怖たるや半端じゃないだろう。恐ろしい世の中だ。

本当にエロい実話50
「裏モノJAPAN」読者投稿傑作選

そんな目で見てるのは知ってたけど…。母親の再婚相手（義理の父）がソープ嬢の私を何度も指名してくるんです

清川愛莉／関東某所　22歳

「裏モノJAPAN」2016年10月号掲載

義父が私をエロい目で

私が2歳のころ、母は酒を飲むたびに暴力をふるう父に耐えられなくなり離婚を決めました。

その10年後、母は32歳で3歳年上の男と再婚。結果、私は母と義理の父との3人で暮

らすことになりました。

すでに小学6年生だった私にとって、義父は父親というより「お母さんが好きになった男の人」という存在でしかなく、3人で食卓を囲むときも、買い物に出かけるときも、どこか他人のような意識を持っていました。おそらく義父の方も、似たような感覚だったと思います。

中学、高校へ進学してからも、その感覚は変わらぬままで、自宅で義父と2人きりになると、なんとなく気まずい雰囲気に。

母が飲み屋で働いていたこともあり、家で義父と2人きりになってしまうのが嫌で、私は1人暮らしの友達の家に入り浸って、家に帰らない日が増えていきました。

高校3年になるころ、友達に誘われて、初めて行ったホストクラブにハマり、お金欲しさでデリヘルでバイトをすることにしました。学校をサボって深夜までデリに出勤し、そのままホストではっちゃけて朝帰りする。そんな日々です。

義父が私をエロい目で見ていることに気づいたのはそのころです。

私が帰宅して着替えを済ませると、食事や風呂上がりなど関係なく、短パンやTシャツ姿の私をチラチラ盗み見ているのがモロわかり。もはや義父は気持ち悪い存在でしかなく、家で会っても必要最低限の会話しかしないようになっていました。

高校をどうにか卒業してからはソープで働くことになりました。デリに比べて稼ぎが全然違うし、体力的にもラクなので。

「おう。やっぱりお前か」

半年ほど前の、とある週末のことです。

いつものように昼からお店に出勤し、部屋で待機していると、従業員さんから新規の客が入ったと連絡をもらいました。

持ち物を準備して、お客の元に迎えに行くと、一瞬、頭の中が真っ白になりました。そこに立っていたのは義父だったのです。

「おう。やっぱりお前か。ハハ」

ニヤニヤしながら、手を挙げる義父。え、ヤバいんだけど。なんでココがわかったの？

呆然としながらも、身体はいつものように反応し、客をプレイルームに誘導します。

「なんで？　ここどうやって知ったの？」

「ん？　いや〜ネットでさ。ハハ」

義父がニヤニヤしながら答えました。たしかにホームページには顔写真を出してるけど、かなり修正が入ってるし、まさかバレるなんて。ていうか、コイツ、本気で私とヤル気なの？　頭おかしいんじゃないの？

服を脱ぎ始めた義父を見て、もうどうにでもなれという気持ちになりました。

義父がパンツを下ろすと、すでにヤツの股間はガチガチに勃起していました。サイアク…。

「じゃ…、お風呂どうぞ」

「おう。おまえ、どれぐらいここで働いてんの？」

「え、2年だけど」

「ふーん」

なるべく見ないようにと、考えないようにして身体は洗い終えたけど、いざプレイが始まると地獄の連続でした。

一番嫌だったのはあのニヤけた顔でされたキス。そして勃起したペニスを口に入れる瞬間は、本当に吐き気を催しました。

「ほら、一応お金払ってんだから、ちゃんとやって」

「……」

ベッドに移動してもヤツはニヤニヤしたまま、身体中を舐めてきました。ゴムを着けてセックスするころには、だいぶ麻痺してきたので、目をつぶって心を無にすることができたけど…。

自宅に帰っても義父とは1度も話をしないままでしたが、その1カ月後、恐れていたことが起きました。ヤツが再び店にやってきたのです。

「おう。また来たよ」

「……」

その後は月に1度のペースで指名してくるように。ひょっとしたら、私がお店に200万ものバンス（借金）があり、辞められないことを知ってるのかもしれません。

この生き地獄はまだしばらく続きそうです。

ドブスでデブな私ですがテレフォンセックスのおかげで幸せをつかみました

豊島靖子／静岡県 33歳 パート

「裏モノJAPAN」2016年8月号掲載

裏モノレディーに出られるような容姿じゃないので、体験投稿だけしてみます。

3年前、ある出会い系サイトを介し、タケシという男性とメールのやり取りを始めました。

同じ県内に住む2歳年上の会社員で、すぐに意気投合。エッチな話題でも盛り上がるようになり、そのうち彼のほうから「君の声が聞きたい。電話で話をしよう」と誘いをかけてきました。

わたし自身、自分の見た目に自信がありません。体型もいまいちだし、顔はひどいブスだと自覚していますが、声だけなら大丈夫かも。

実際に会う必要もないのだし、電話ぐらいはいいだろうと、彼の携帯に電話したのです。

「もしもし…」

「もしもし、俺だよ。よくかけてきてくれたね。いま何してた？」

「もうお布団に入って寝るところでした」

「色っぽい声をしてるね。俺とのセックスは想像した？　今からオナニーして、イヤラしい声を聞かせて」

「はい…」

こうして始まった彼とのテレフォンセックスが、私の人生を変えていったのです。

「お前の中に全部出すぞ！」

生まれて初めて試したテレフォンセックスは、私が想像していたよりも、ずっと興奮できるものでした。

「オマンコを自分の指でゆっくり触ってみろ。ゆっくりとだぞ」

「はい…」

「興奮してるか？」

「…自分でも信じられないぐらい興奮してます」

「ならどれぐらい濡れてるのか指で触って音を聞かせてごらん」

「ああ…、聞こえますか？」

「聞こえるぞ。クチュクチュとイヤらしい音が聞こえる。どんどん濡れてきてるな」

過去には男の人とエッチしたこともあります。だけどタケシさんとのテレフォンセックスは、過去にしたどのエッチよりも、もちろん自分でするオナニーよりも、遥かに気持ちのいいものでした。

それからというもの、彼から連絡があるたびに、テレフォンセックスを続けていきました。

そのうち彼とのテレセ用にバイブも購入し、夜になると、彼からの連絡を待っている自分に気が付きました。彼のテレセは想像力に溢れ、いつも私を異次元の世界に誘ってくれます。

「もう我慢できないよ。タケシさんのを私の中に入れて欲しい」

「よし、お前のビチョビチョに濡れたマンコの中に硬く勃起したチンポが入っていくぞ〜」

「ああ、奥まで入ってくる。もう我慢できない、中に出して！」

「出すぞ！　お前の中に全部出すぞ！　孕ませてやる！」

こんな擬似中だしセックスをすることもあれば、携帯を手にベランダに出て、屋外プレイをしたこともあります。

「エッチは結婚してからね」

テレセが終わると雑談をするのがお決まりで、そのうち、彼は私に会いたいと口にするようになりました。

正直、悩みました。私も彼と会ってみたい。でも実際に会って素顔を見られたら、フラれるに決まっています。

「会ってもいいけど、私、すごいブスだよ？」

「それでもいいんだよ。俺はヤスコと結婚したいんだ」

結婚だなんて。こんなことを言う人は、異性にはモテないタイプなのでしょう。私と同じ境遇。それならフラれることもないかも。結局、彼と会うことに決めました。

「ようやく会えたね」

「はは、どうも初めまして…」

目の前に現れたタケシさんは、やはりモテそうにはないブサイクな顔でした。私とどっこいどっこいくらいの。

喫茶店でお茶をして、当然のように言われました。ホテルに行こうと。さんざん電話エッチしてきたのだからこの流れは予期していました。

「エッチは結婚してからね」

冗談半分、本気半分で答えました。だってもしエッチしてしまったら、タケシさんは次の女を探すでしょうから。

するとと彼はこう答えたのです。

「うん、わかった」


そこから籍を入れるまでは、ふた月もありませんでした。そうです、タケシさんは本気で私を愛していたのです。

テレフォンセックスが縁で結婚した私たち、親戚にはとても言えませんが、今も幸せです。

「裏モノJAPAN」読者投稿傑作選 本当にエロい実話50

梨田コウジ／東京都 34歳 会社員

チンポをしゃぶり正常位で串刺しに。嫁のアネキ(地味で真面目)は、地元で有名なヤリマンだった

俺は既婚者でありながら、独身のふりをして婚活パーティに出かけるのが趣味だ。

で、2カ月前のその日も新宿開催のパーティへ出向いたのだが、結果は見事な空振り。ため息をつきつつ会場を出たところ、帰りのエレベーターで同じ惨敗組と思しき参加男性と乗り合わせた。

彼が言う。

「裏モノJAPAN」2017年7月号掲載

「今日の女のコたち、みんな反応が悪かったですね」

「ええ。でも、あんまりイイ子いなかったから別にいいんじゃないですか」

なんてことを話してるうちに会話はポンポンと弾み、表通りへ出たあたりで彼は気さくに口を開くのだった。

「もし時間があれば、その辺で軽く一杯どうですか」

ふむ。たまにはこういう交流も悪くないか。

一時期、相当なヤリマンだったんだよ

吉村と名乗るこの男、訊いてみるとニランだとおり、俺と同じような人種だった。既婚者のくせに婚活パーティでセックス相手を探すのが楽しくて仕方ないという。歳も俺より1つ上で同世代でもあるし、一気に親近感がわいた。

ビールを飲みつつ、しばし互いの浮気ライフを披露していた折、自然な流れで嫁の話題になった。

「そういや梨田さんの嫁さんってどこの人なの？」

「千葉の船橋ですよ。××(地域名)ってところ、ご存じですか？」

「え、そうなの？　俺の地元も××なんだけど」

ほほう。じゃ、もしかしてこの人、嫁のアネキを知ってるかも。歳も同じだし。

「鈴木アケミって聞いたことあります？　嫁のお姉ちゃんなんだけど、歳が吉村さんとタメなんですよ」

彼の目がくわっと見開いた。

「え〜〜、梨田さんの嫁さんって鈴木アケミの妹なの？　ウソでしょ？　ホントに⁉」

なんだ、この驚きようは。

「いや、ビックリしたよ。彼女、高校のときの同級生なんだけど、地元じゃちょっとした有名人だったからさ」

「へえ、そうなんですか」

義姉のアケミは現在、2児の母で、ダンナの地元で暮らしているのだが、妹とは実に仲が良く、それがため義姉一家とは家族ぐるみで交流がある。何だかんだ、年に5、6回は顔を合わせているだろうか。

そして義姉は知的で社交性のある、そこそこの美人さんだ。地元の男子の間で人気があったとしてもまったく不思議じゃない。

「アケミさんってそんな人気があったんですか？」

「いや、そういう意味での有名じゃないんだよ」

「というと？」

「こんなこと言っちゃっていいのかなぁ～」

「なんですか、教えてくださいよ」

「じゃ言うけど、実はアケミって一時期、相当なヤリマンだったんだよね」

義弟だから当然見る権利はある

彼いわく、高校では生徒会の役員をしていたほどマジメだった義姉がいきなりビッチになったのは、都内の有名私大に入学した直後のことだったらしい。

「それまでは大人しいタイプの女子だったんだけど、何かの拍子でハジケちゃったんだろうね。同級生の間で、アケミがギャルになったって噂で持ちきりになってさ」

そのうち大学のサークルで男たちとヤリまくっているとの噂も立ち始め、実際、高校の元同級生たちの間でも、義姉と関係を持ったという人間が複数人、現れたそうな。

「で、実は俺もアケミとは2、3回ヤッてるんだよね」

「マジすか！」

しかし、俺が本当に驚愕したのは次のセリフだった。

「しかもハメ撮りもしてるんだよ」

残念ながらその大半は消去してしまったらしいが、まだ何枚かは彼のPCに保存されているという。

思わず頼み込んだ。

「吉村さん、俺にもデータを下さい」

「だよね、全然いいよ。だってアケミの義弟だもんね。当然、見る権利はあるよ」

何が「当然」なのかよくわからんが、吉村さん、あんたマジでいい人だ！

後日、彼から届いたメールには、2枚の写メが添付されていた。10数年前のケータイで撮ったものらしく、画質はイマイチだったものの、そこには確かに、若き日のギャル義姉が吉村さんのチンポをしゃぶり、正常位で串刺しにされているドスケベな姿が写っていた。へえ、お姉ちゃんって、こんな裸してたのか。ソソる〜！


先月、さっそく義姉の写メを最大活用できるチャンスが訪れた。義姉家族と我が家で花見へ出かけたのだ。

義姉がおにぎりをほおばる姿、四つん這いになって遠くの玉子焼きに手を伸ばす姿などを視姦しつつ、他愛もない会話を交わす。

「お姉さん、ちょっと太ったんじゃない？」

「そうなのよ、子供の残りもんばっか食べてるから。ヤダ、ダイエットしなきゃ」

こうして俺は満を持してトイレへ向かい、例の写メでシコるわけだ。

この遊び、あと最低2年は楽しめそうです。

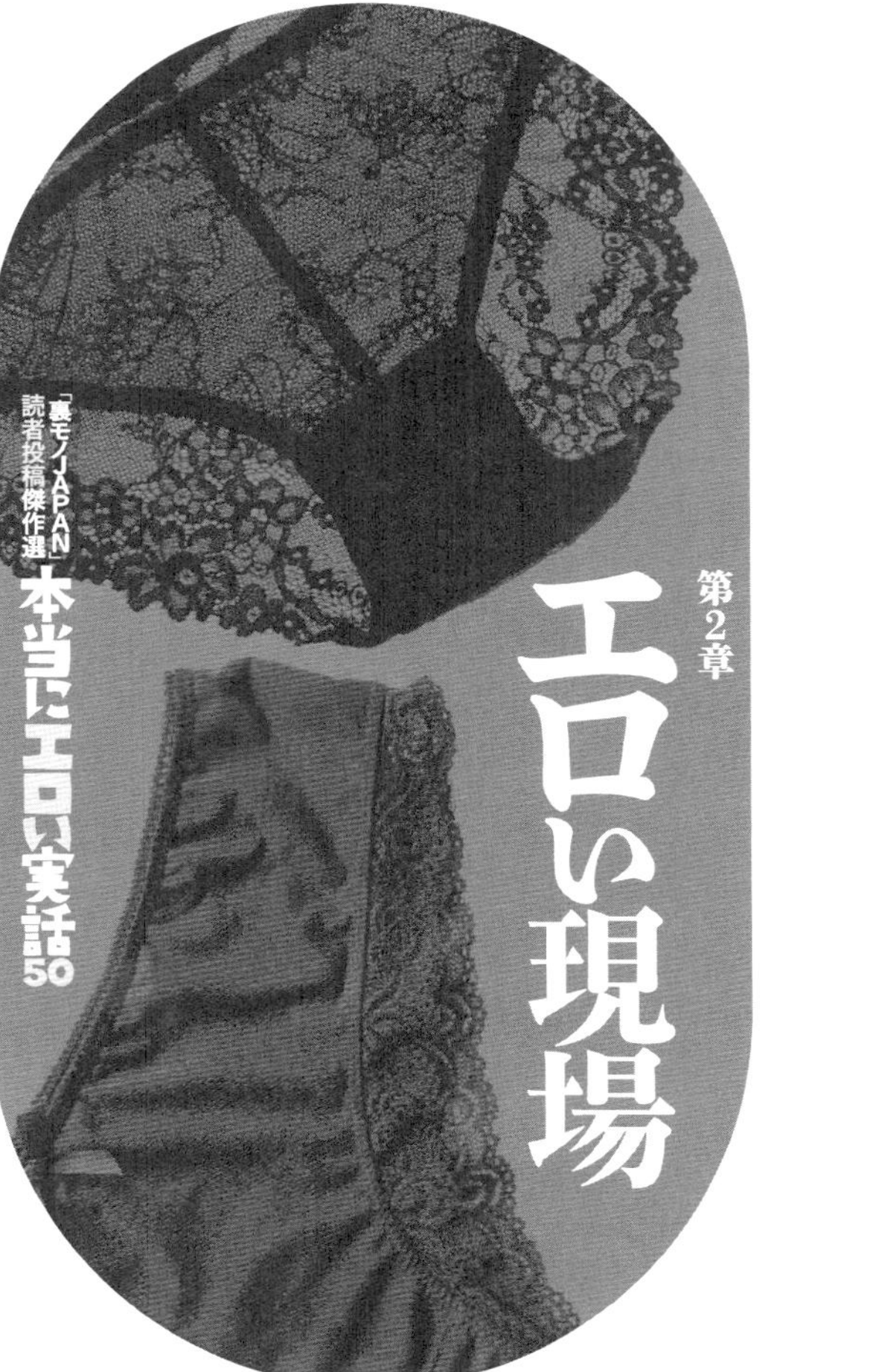

第2章 エロい現場

増山 達／岡山県 38歳 会社員

シコシコしながら女子店員を待つ。マンガ喫茶で食べ物を注文し、「チン見せ」する男の勇姿動画をどうぞ

カラオケだと男が入ってくる

世の中には「チン見せ」という性癖を持つ男がいる。なによりオレがその一人である。

ただしオレは路上でいきなりチンコを出すほど狂ってないし、逮捕される勇気もない。

あくまで合法的に見てもらうのが自分の流儀だ。

「裏モノJAPAN」2012年11月号掲載

そんなオレが「チン見せ」の場として最初に目をつけたのはカラオケボックスだった。カラオケならフリータイム料金に加えてドリンク飲み放題を選べば、5〜6時間のあいだ、バイトの女の子がドリンクを運んでくるたびにチンコを見せられるだろうという発想からだ。

だが、これには誤算があった。カラオケボックスは男の従業員の割合が高すぎるのだ。せっかくシコシコしながらドリンクを待っても、お盆を持って入ってくるのはしょぼい男。これほど虚しいことはない。

さらに、内心ビビリながらチンコを見せなければならないことにも、物足りなさを感じざるをえなかった。

カラオケでチンコを出すなんて不自然極まりなく、場合によっては店からなんらかの警告を受けるんじゃないか。そんな怖れを抱いていては、穏やかな心で「チン見せ」なとできやしない。

立ち上がって真横を向くのが正解

検討した結果、最適な「チン見せ」スポットに選ばれたのはマンガ喫茶だった。

マン喫は女子のバイト率がカラオケに比べて格段に高く、注文した食べ物を持ってきてくれるのもたいてい女子なのだ。

しかも個室でチンコを出していても不自然ではない。なにせエロ動画見放題なんてコースもあるほどなのだから、オナニーは店にとっても想定内の行動なのだ。たとえ全裸姿が見つかろうと、追い出されるような心配はしなくてよかろう。

というわけでオレのマン喫でのエピソードを踏まえつつコツを紹介しよう。

まず、部屋選択の際はフラットシートを選ぶこと。ソファタイプの席だとドアにソファが背を向いているため、ブツを見せにくい。

部屋を確保すれば受付で食べ物を注文し、あわてて部屋に戻ってシコシコを開始する。やはり見てもらいたいのはギンギンになったチンコなので、ここはしっかり気合いを入れておきたい。

厄介なのは、ドリンクと違ってフード類はできあがるまでの時間が意外と長かったりするため、ずっと勃起を維持させねばならぬ点だ。

シビレを切らして手を休めてしまうと、フニャチン露出というみっともないハメになるのでご注意を。

で、いよいよフードが届いたときのこちらのポジショニングについてだが、結論から

いらっしゃーい
お待たせしました～
この客ヤバイ…
目を合わさぬように…
変態死ねよ

言えば『立ち上がって真横を向く』が正解だ。

ドア側に向きたい誘惑は強烈とはいえ、さすがにそこまでやると出入り禁止を食らう危険性がある。また、座ったままでは、ただでさえ薄暗いマン喫のこと、己の太ももなどが邪魔して肝心のブツが相手の目に入らない可能性が出てくる。

このプレイが興奮するのは、やはり店員が〝見た〟ことが明らかになるときだ。

たとえば、ドアを開けたのち、あわてて閉め直し、わざわざドアの上からフードを手渡そうとしてきた子などは、そのいじらしさに恋心すら芽生えたほどだ。

さらに、最後にカウンターで会計するとき、さっきチンコを見たはずのコが、平然とした顔で対応してくる様にもタマらないものがある。

も〜、次回の割引券なんてくれるんだったら、また来ちゃうよ！　てなもんだ。

渋谷に舞い降りた格安の天使？ 109地下の名物立ちんぼ〝パンツさん〟ってどんな人なんだろう

仙頭正教／裏モノJAPAN編集部員

ここ数年、渋谷に出没する名物立ちんぼ女が、ネットを中心に噂になっている。いつも路上にしゃがんでパンチラを見せて客を引いていることから〝パンツさん〟なんて呼ばれてる売春婦だ。

何でも彼女、3千円でヤらしてくれることもあるとか。出没スポットは「渋谷109の地下通路」という立ちんぼエリアでも何でもない場所で、そこがまた興味をソソるのだろう、2チャンネルなんかには目撃状況が盛んに書き込まれている。

「裏モノJAPAN」2013年10月号掲載

「地下道でそれっぽい室井滋似の女が、iPadみたいなタブレットを操作していた。パンツさんか？」

「その通り。今日もパンツを見せて営業中！」

「あのガリガリの足はいいとしても、乳が硬すぎる…」

「3千円でヤレるんだから文句言うな！　パンツ姉さんは渋谷に舞い降りた天使」

渋谷のパンツさん、どんな人なんでしょうか？

胸だけは不自然に飛び出ている

というわけで、渋谷に行くたび出没スポットをのぞいていたところ、8月上旬の夕方、それらしき人物を見かけた。

年齢は三十代後半くらいか。座ってパンツは見せていないが、ネットに書かれていた特徴の〝室井滋似〟〝ガリガリ〟〝iPadを操作している〟熟女だ。

さっそく声をかける。

「あの、遊べたりします？」

「…いいですけど」

やっぱり本人だ！

「よかった。いくらくらいなんです？」

「…8千円とか」

ん？　聞いていたのと違うんだけど…。

「オレ、5千円くらいしか持ってなくてさ。もう少し安くならないかな？」

「じゃあ4千円でどう？　私、安いレンタルルームも知ってるから」

さすがは噂のネーさんだ。

レンタルルームに入ると、彼女はさっさとスカートを脱ぎ始めた。ふと見ると、何とパンツを穿いてない。マジ？

「さっき雨でスカートが濡れちゃって。パンツも濡れたから脱いじゃったの」

ほんとかよ？　もしかしてマンチラで客を引こうと考え

ていたのかも？

裸になった彼女を見てさらに苦笑いである。腹もケツもガリガリに痩せてるくせに、胸だけはソフトボールでもくっつけたように不自然に飛び出ているのだ。豊胸手術で大きくしたオッパイが崩れてきた感じか。激安風俗でもマレに見るひどい胸ですな。

しかし、いざおっ始めてみると、プレイ自体は悪くなかった。とにかく丁寧に舐めてくれる。フェラなんかは抜群に上手い。痩せているせいかアソコの締まりも抜群だ。

これで4千円。〝渋谷に舞い降りた天使〟なんて呼び声もわからんでもない。

競馬を覚えたのがきっかけで…

一緒にレンタルルームを出た後、「メシでも奢るよ」と誘ってみると、彼女はすんなり乗ってきた。

「ホントにいいんですか！　初めて会うのに。ありがとうございます」

せっかくだし、ゆっくり話をしてみよう。立ちんぼなんてやっているのはそれなりに事情があるんだろうし。

パンツさんの希望でトルコ料理の店へ入り、プライベートを少しづつ聞いてみた。

生まれは神奈川、歳は詳しく教えてくれなかったが、四十前後。今は川崎で女友達とルームシェアしてるそうだ。

「私の仕事ですか？　この渋谷のやつしかしてなくて」

路上に立つのは週2、3回で月曜と水曜が多い。時間は夕方5時から9時くらいまでという。

「土日は来ませんね。競馬に行かなくちゃいけないから。ギャンブル好きなんですよ」

パチンコ、競輪、競艇までやるそうだ。カッコイイじゃないか。

「学生時代までは超マジメだったんですけどね」

ビジネス系の専門学校を出た後、最初は事務職の仕事などをきちんとやっていたが、二十代半ばで競馬を覚えた。

「競馬の場外売り場とかって、カードローンの

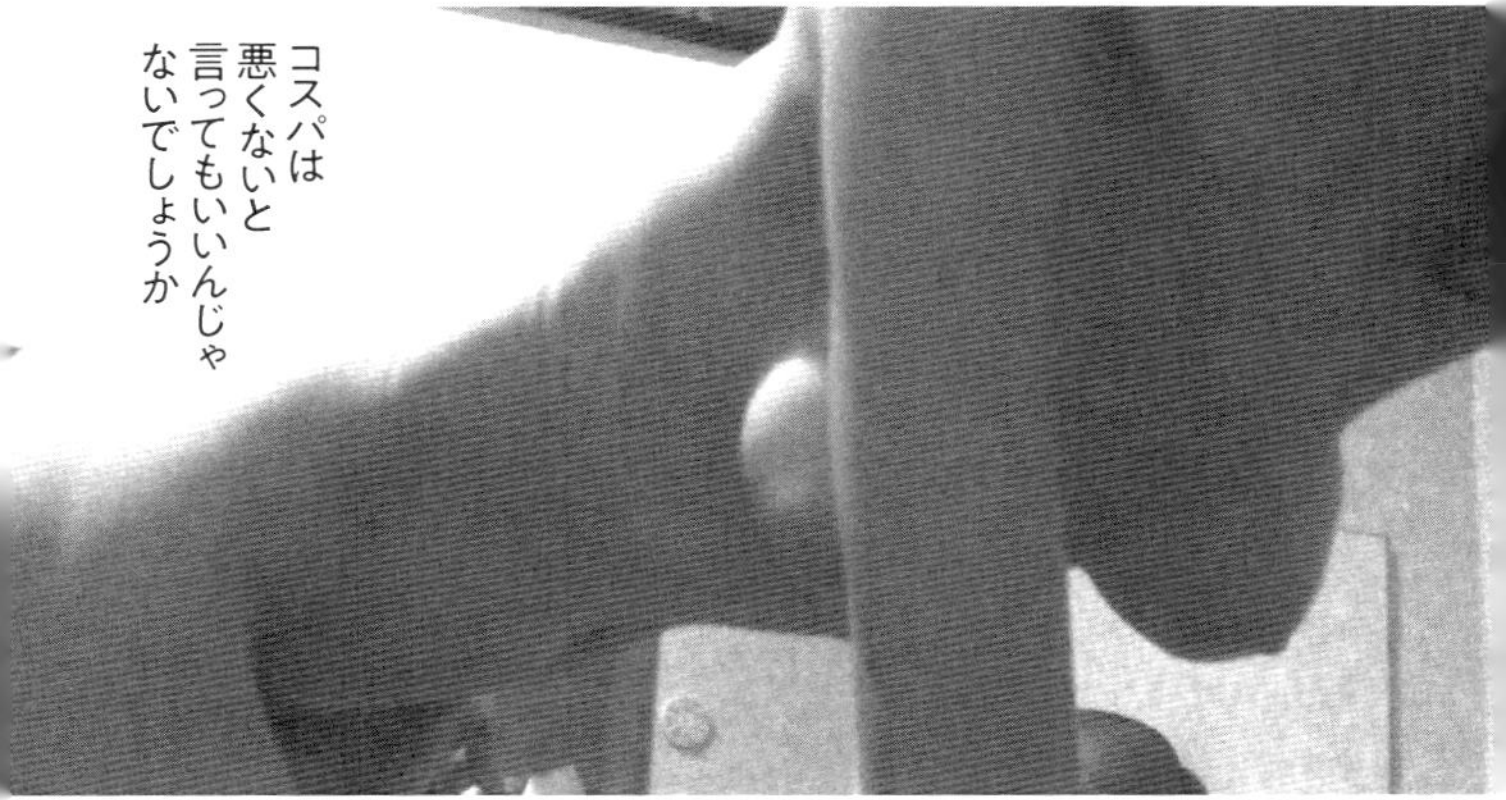
コスパは
悪くないと
言ってもいいんじゃ
ないでしょうか

ＡＴＭがあるでしょ？　あれって危ないんですよね」

サラ金に手を出し、借金が膨らむ。あとはおきまりのパターンだ。

「ちょうど彼氏と別れたときで、もういいやみたいな感じで。風俗やっちゃって」

ここまではよくある人生だが、しかし、その後で立ちんぼになるというケースは多くない。彼女はまたどうして渋谷に立ち始めたのやら？

ネットの噂はぜんぶ知っていた

料理を一通り食べ終わった後、彼女がかわいらしく上目づかいをしてきた。

「すみません。トルコアイス食べてもいいですか？」

だいぶ打ち解けてきたっぽい。アイスを注文してから何気に聞いてみる。

「そう言えばおねーさん、いつから渋谷に立ってるんですか？」

「それはまあ、みんなに聞いてるでしょ？」

「みんな？」

彼女が自分のカバンを指さした。ｉＰａｄがチラっと見えている。

「去年買ったんだけど。ネット見てると、みんながいろいろ書いてるでしょ？」

ネットで自分が噂されてることを知ってるようだ。

「じゃあパンツさんって呼ばれてることも…」

「知ってますよ」

「どうして路上に立つようになったんですか？」

「それはまあ、こっちの場合だと自分で相手を選べるでしょ？　風俗はそれができないから疲れちゃうんで」

「つまり気楽にやりたいと？」

「そうそう。私は楽しんでやれればそれでいいんで」

何となく腑に落ちないけど、まあ、本人がそう言うならそうなんだろう。

「だけど、せっかく立ちんぼやるなら、新宿とかの援交スポットでやったほうが儲かりそうだと思うけど」

「渋谷が好きなんですよね、私。渋谷って私みたいな人いないから目立つかもしれないけど、それはまあそれで楽しいし、お客さんもみんな優しい人だし」

ちょっとオカシな人かと思ってたけど、しゃべってみたら感じのイイ人だ。個人的に応援するとしよう。買うのは遠慮しとくけど。

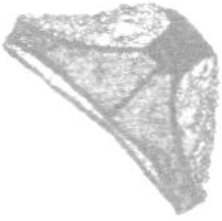

斉藤平助／岡山県 40代 会社員

ネットの掲示板で仲間を募り満員電車の中で女の体を触りまくる集団痴漢の非道な手口

昨年12月、一つの事件が起きました。ネットの呼びかけに集まった４、５人の男たちが、ＪＲ埼京線内で若い女性に集団痴漢を働いた挙げ句、２人が逮捕されたのです。裏モノ的にはさして珍しい事件ではないのかもしれません。が、これは氷山の一角。集団痴漢を働く男は想像以上に多いのです。

「裏モノJAPAN」2009年3月号掲載

本日は、かつて集団痴漢の常習者だった私が、女性に対する警告の意味も込め、その手口を洗いざらい公開いたしましょう。

面識がなくとも、みな雰囲気でわかる

私が痴漢にハマり始めたのは今から5年前。会社の帰り道、満員電車の中で、ついつい目の前の若い女性のお尻を触ってしまったのがきっかけでした。

悪いことだとはわかっていました。元より妻も子供もある身、家のローンだって残っています。逮捕される危険を考えたら、やめておくのが賢明でしょう。

が、どうにも押さえがきかないのです。なにも直接ゆびを突っ込んだりするわけじゃない、手の甲で胸やお尻にそっと触れるくらいなら構わないはず。満員電車に乗るたびに、私はそんな言い訳を用意して手を動かしていたのです。

それから2年ほど悪さを続けたある日、ネットの痴漢掲示板を見ていたところ、1人の男性がこんな書き込みをしていました。

〈**中央線で活動している人いませんか**〉

むくむくと興味を覚えました。文面から察するに、中央線で活動（痴漢）してる人間

に集団痴漢をしようと誘ってるのではないでしょうか。

半信半疑、書き込みの本人にメールで連絡を取ったところ、ビンゴ。すぐにメールで返信があり、日時を指定してきたのです。

〈JR御茶ノ水駅のホームに夜7時ちょうど。中央線快速の下り電車、進行方向の一番前にいますので〉

まずは男どうしが現地で待ち合わせてターゲットの女を探し、これはというのがいれば、全員で囲んで、電車に乗ってしまうという流れのようです。現在、参加予定の人間は都合6名。誰も面識はないとのことです。

〈触られてる女性が騒ぎ出したりしないいんですか?〉

〈気の弱そうなのを選びますから。それに騒がれても、周りはみんな仲間ですから、どうにでもなりますよ〉

正直、悩みました。クドイようですが、痴漢は立派な犯罪。万が一でも捕まったら、人生が終わるのです。

しかし、集団でコトを働くなら、単独のソレよりバレにくいかもしれません。ひとまず私は参加すると伝え、メールを終わらせました。

気弱そうな女子大生風をカゴメカゴメの要領で

翌日の夕方6時、会社を早めに切りあげた私は、約束どおり中央線のホームに向かいました。見るだけなら犯罪にはならないだろうと考えたのです。

半信半疑、現場にいくと、ホームには8、9人の男たちが並んでました。サラリーマン風からハゲオヤジ、学生風まで。何となく雰囲気で痴漢なのだとわかりました。

10分後、気の弱そうなタレ目の女子大生風がホームに登場したところで、彼らはアイコンタクトを取り、彼女の前後に回り込みました。ちょうどカゴメカゴメの要領です。

間もなく、電車が到着。男たちが女性を囲んだまま、電車に乗り込み、私も慌ててその後に続きました。さて、どうなることやら。

思わず、目を見張りました。最初こそサラリーマン風が手の甲でさりげなく胸を触っていただけなのですが、彼女が抵抗しないと見るや、全員で一斉に襲いかかったのです。

前からはメガネとオヤジが胸を揉みしだき、後ろからは学生風とハゲ頭が尻をタッチ。信じられないことに、スカートの中に手を入れてるヤツまでいるではありませんか！

(周りの乗客にバレないのか？)

心配する私をヨソに、周囲の見張り役の人間ががっちり新聞などでガード、中の様子が見えないようにしています。

一方の女のコは、抵抗もできないまま、じっと俯いて災厄に耐えるだけ。私は触ることも忘れ、ただただその光景に見入ってました。

『荻窪〜荻窪〜』

20分後、彼女が逃げるように下車したところで、痴漢たちも全員下車。三々五々に散っていきました。後からわかるのですが、安全のためこうして会話もせずに消えるのが流儀なのです。

〈**今日はまあまあでしたね**〉

帰り道、主催者の男からメールが入りました。

〈**いつもこんな感じで触ってるんですか**〉

〈**ええ、次からはもっと楽しみましょう。では**〉

私はあまりの興奮で、体が震えていました。

アソコはおろかアナルにまで指を

これ以来、私はちょくちょくと集団痴漢に参加しました。相変わらず見るだけでしたが、それだけでも十分、興奮できるのです。

実際、彼らの行動はハンパではありませんでした。原宿駅から乗ったロリータファッションの女を20人近くで囲んだときは、アソコはおろか、アナルにまで指を突っ込んでしまったくらいです。

夕方の埼京線では、ＯＬ風の女性を15、16人で囲み、持参したローターをパンツに入れた男もいます。それこそ、挿入こそないものの何でもアリ状態。もはや完全な無法地帯です。

そんなある日、事件は起きました。例によって埼京線に10人ほどで乗り込み、20代前半のＯＬ風を触りまくっていたところ、彼女が突然、作業着姿の男の腕を摑んだのです。

「触らないでくれますか！」

瞬間、場が凍りつきました。彼女の声があまりに大きかったので、一般の乗客も何かあったのかと気付いたのです。ヤバイ！

『赤羽～赤羽～』

駅に到着するや、全員でおしくらまんじゅうよろしく、彼女の体を押し出します。あっという前に、彼女だけがホームに放り出されていました。

「ちょっと！」

女が車内に入ろうとしますが、こっちも必死です。全員でスクラムを組んで、ガードしていると、

『プシュ～』

ようやくドアが閉まり、電車が走り出しました。見れば、ホームには彼女がポツンと取り残されていました。

身の危険を感じた私は、その後、間もなくして集団痴漢から足を洗いました。今は満員電車の中でもなるべく手を動かさないように我慢しています。

「裏モノJAPAN」読者投稿傑作選

工場に50人の全裸美女が！　選び放題、吸い放題、抱き放題の中国式接待を体験した

綾倉慶太／東京都 31歳 会社員

俺は東京の小さいアパレル系商社に勤めている。主な仕事は、経済発展めざましい中国企業との商談だ。

今年の夏、上海に住む中国人Aから依頼があった。

「上海で日本のようなアパレルビルを作りたいんだ。こっちに来て手伝ってくれないか」

不況が続く日本では服がまったく売れないが、中国では日本のブランドは人気が高く

「裏モノJAPAN」2009年12月号掲載

服が飛ぶように売れる。

そこで上海で、東京の流行の服が買えるファッションデパートを建てる計画が立ち上がり、そのプロジェクトの手助けを頼まれたのである。服のセレクトはすべて俺に任せてくれるらしい。

さっそくどんな商品を扱うか物色していると、Ａの方からも色々な商品をプッシュしてきた。

「俺の知り合いが工場をやってるんだけど、商品がダブついてるんだ。悪いものじゃないから今回のプロジェクトで扱ってもらえないか？」

日本のメーカーから発注を受け中国の工場で製品を作ったものの、発注元の日本企業が潰れてしまい在庫がダブついてしまったようだ。そういった大量の在庫を抱える工場は上海の郊外にいくつもあるらしい。

やむなく一社の在庫を引き受けたところ、その話を聞きつけた他工場の担当者が次から次へと現れて、俺を接待ぜめにあわせてきた。

大抵は社長たちと食事して酒を飲み、ＫＴＶと呼ばれる連れ出しのできるカラオケ屋に行って女の子を抱かせてもらうという極シンプルな接待なのだが、その中の一つが凄かった。

ドレス姿の美女50人がフロアにびっしり

その接待を企画した相手は、上海郊外に大きな工場を持つ会社オーナーと関連5社の社長を含む8人。こちらからは3人のスタッフが参加して、合計11人での会食が始まった。

明日の朝には正式な商談を行うことになっているが、すでに在庫商品のサンプルは確認済み。質が良く、こちらとしてもお願いしたいくらいの話だったのでお互い気楽な雰囲気だった。

食事が終わると、相手側の社長が言った。

「綾倉さん、そろそろ次に参りましょう。我々の車に乗ってください」

どうせこの後はお決まりのKTVだろうと思っていたのだが、なぜか車は郊外の工場地帯へ向かう。酔ってる隙に、不意打ちで強引な商談交渉でもするつもりか。

「どこに行くんですか？　酒も飲んでるし、今日は商品は見たくないですよ」

「いやいや。そんなことはしないから安心してください」

社長はその後何を聞いても一切答えてくれない。

そのうち車は工場に到着した。辺りは電灯もなく真っ暗。時計を見ると深夜0時を過ぎたところだった。

中国人オーナーたちに案内されるまま、小汚いコンクリの工場に入り、地下に通じる階段を降りていく。

と、だだっ広い工場の中に、およそ50畳ほどの広さのガラス張りの空間が現れた。暗くて中の様子は見えない。

「うわっ！」

電気が付いた瞬間、思わず悲鳴を上げた。その空間に、ドレスを着た若い女の子がびっしり詰まっていたのだ。

フロアの奥には小さいステージがあり、中央に20人は座れそうな丸くて大きなソファが一つ。さらに小さめのソファが点在し、ポールダンス用のポールも3本ほど天井に伸びている。手前にはスロットマシンが並び、まるで小さなカジノのようだ。すごい。これ接待用に作ったのか。

「ハハハ。綾倉さん、すごいでしょ。楽しんでいってください。奥には個室もありますから」

説明によれば、彼女たちは、ほとんどが田舎から連れてこられたKTVで働く女の子たちらしい。この工場のオーナーは界隈の地主で、かなりの大金持ちと聞いている。KTVも経営しているので自分の店から連れてきたのかもしれない。

女の子たちの数は全部で50人。20歳前後のモデルクラス美女ばかりで顔も可愛けりゃ背も高い。雑誌に出ててもおかしくないほどだ。レベル高すぎ！

「好きな子をピックアップしてください。何人でもいいですから」

それぞれが5人ずつ女の子を選ぶと、残りの子たちはステージの上に登った。スピーカーから中国のポップスや古いユーロビートが流れてくる。どうやらストリップダンスを披露してくれるらしい。

奥には黒服のボーイも10人ほど待機しており、トレイに果物などのオードブルをのせて持ってきてくれる。

我々は中央のソファまで連れていかれ、選んだ女の子たちを横にはべらせて、全員シャンパングラスで乾杯。こうして狂乱の宴が始まった。

コカインを吸って順番にナマ挿入

女の子たちとゲームをしたり乳繰り合ったりするうちに、黒服のウェイターがトレイ

好きな娘をどうぞ！
ズラ――――

を持ってきた。見ると、ガラスの上に白い粉のラインが3本。横にストローが添えてある。コーク（コカイン）だ。

「コークとケタミンしかないけど、モノはいいから楽しんでください」

オーナーはストローを手に取り、白い粉を勢いよく鼻で吸い取った。慣れた手つきだ。こんなオッサンもコークを普通に嗜むとは驚いた。

中国では共産党員以外の金持ちは元々マフィアみたいな人間が多いと聞く。彼も今ではいくつもの工場を持つ地主として表の仕事をしているが、以前は黒い金を稼いで這い上がってきたのだろう。薬のルートぐらいいくらでもありそうだ。

我々もありがたくワンラインだけいただき、女の子たちにもコークが振る舞われた。みんな高揚してきたところで、１人の女の子がオーナーのズボンのベルトを外し咥えだした。

触発されるように俺の横に付いた女の子たちもドレスの肩紐を外して臨戦態勢に。それじゃ俺もいただきますか。

オーナーにコンドームがないか尋ねると、「気にするな。俺が選んできた女たちだぞ」

正直病気が怖かったが、そうまで言われたら生でしないわけにいかない。

俺の相手をしてくれた5人の女はルックスもいいがサービスもハンパじゃなく、２人が乳首、3人が同時にペニスを舐めてくる。

その後は、ソファに座る俺の上に5人が順番にまたがって挿入してきた。もう気持ち良過ぎてわけがわからん。

◉

結局宴が終わったのは朝の4時。精根尽き果てた。女の子たちもさすがに疲れた顔をしている。

最後に中国茶をすすっていると、1人で元気満々のオーナーがやって来て手を差し出した。

「これぐらいのは滅多にやらないですよ。やっぱり大事なお客さんだと思ってるから。明日はよろしく頼みますよ！」

このスケールのデカさ。やっぱり中国の勢いはハンパじゃない。

本当にエロい実話50

「裏モノJAPAN」読者投稿傑作選

匿名／兵庫県 35歳

一般男性の喜ぶプレイを教えてほしい。某スポーツ新聞で募集の新人フーゾク嬢講習サギにやられた…

カラオケなどでグチを聞いてほしい

２０１０年８月中旬。タイガースばかりを一面に持ってくる某スポーツ新聞に、こんな広告を発見した。

「裏モノJAPAN」2010年12月号掲載

『新人風俗嬢のパートナー募集。プレイ練習など』

風俗嬢にプレイ講習する人間を探しているらしい。普通は店長なんかが受け持つように思うのだが？

興味を持って電話をすると、「面接で詳しく説明する」と、とある喫茶店を指定された。

現れたのはスーツ姿の中年男だった。髪はきっちり整えており、俳優の西岡徳馬に似ている。

持参の履歴書を軽く確

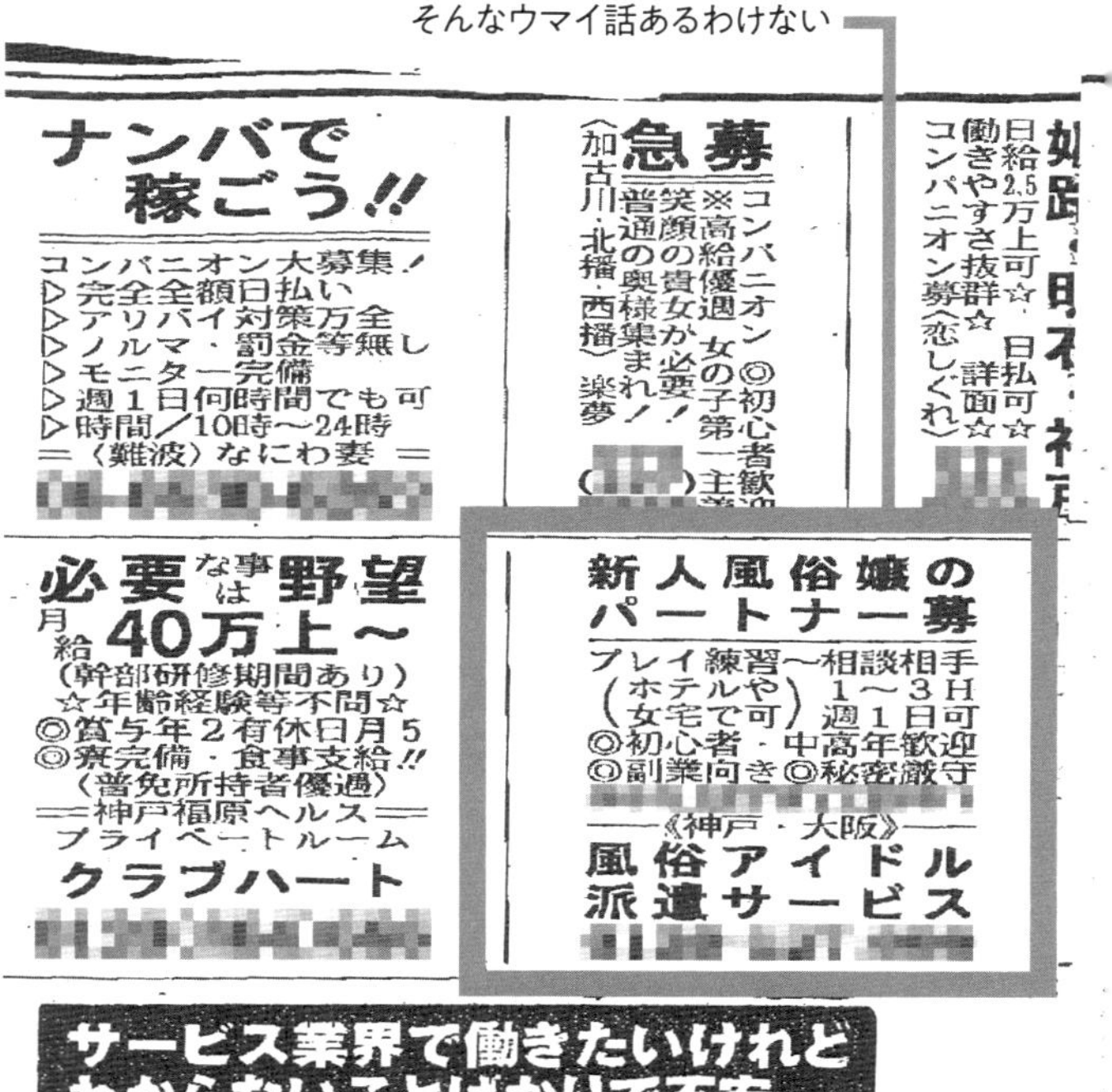
そんなウマイ話あるわけない
日給2.5万上可☆ 日払可☆
働きやすさ抜群☆ 詳面☆
コンパニオン募（恋しぐれ）
急募
コンパニオン ◎初心者歓迎
※高給優遇 女の子第一主義
笑顔の貴女が必要！
普通の奥様集まれ！
（加古川・北播・西播）楽夢
ナンバで稼ごう!!
コンパニオン大募集！
▷完全全額日払い
▷アリバイ対策万全
▷ノルマ・罰金等無し
▷モニター完備
▷週１日何時間でも可
▷時間／10時～24時
＝〈難波〉なにわ妻＝
新人風俗嬢のパートナー募
プレイ練習～相談相手
（ホテルや自宅で可）1～3H 週１日可
◎初心者・中高年歓迎
◎副業向き◎秘密厳守
《神戸・大阪》
風俗アイドル派遣サービス
必要な事は野望
月給40万上～
（幹部研修期間あり）
☆年齢経験等不問☆
◎賞与年２有休日月５
◎寮完備・食事支給!!
〈普免所持者優遇〉
＝神戸福原ヘルス＝
プライベートルーム
クラブハート

サービス業界で働きたいけれど わからないことばかりで不安…。

認した徳馬が聞いてくる。

「風俗にはよく行かれます？」

「まぁ、ぼちぼちです」

「なら大丈夫ですね。広告にも書いてあったとおり、ウチが抱える女の子に講習をしていただきたいんですよ」

徳馬の会社はフーゾク嬢の派遣業をやっていて、何人もの新人をヘルスやソープに送り込んでいる。

しかし技術がないと稼げないので、彼女らの働く業種が決まり次第、指名をたくさんとれるよう基本プレイを教えてやって欲しいのだそうだ。

そんなの徳馬自身がやればいいように思うが、あくまで一般のお客さんが喜ぶプレイを叩きこむため、公に募集をかけているのだと。

徳馬が手に持つ資料には、「報酬について」のモデルケースが記載されていた。

「貴方の報酬は女の子がお店に勤めて稼いだ額によって決まります」

詳しいパーセンテージは秘されたが、たとえばデリヘルに入店し、月に15～20日、1日3人の客を取るような一般的な子に成長すれば、ぼくにはおよそ5万円ほどバックされるようだ。

ってことは3人講習すれば毎月15万円がコンスタントに入ってくる計算になる。こりゃオイシイ！

徳馬はつづける。

「さらに、講習場所などの経費として月に10万円を支給します」

「え？」

「ラブホテルでの講習になるでしょうから。あとは女の子が入店後も辞めないように、ときどきカラオケなどでグチを聞いてあげてほしいのです。その経費ですね」

余ったお金も女の子のために使ったことにしてかまわないと言う。

なんていい仕事なんだ。精一杯、頑張らせていただきます。

「ありがとうございます。それでは情報料として7万5千円を振り込んでいただけますか。これぐらいすぐにペイできますので」

1週間後の給料日、ぼくは7万5千円を口座に振り込んだ。あ〜、はやく講習したい。

先輩女性のアドバイスを

入金後すぐに徳馬からメールがきた。

〈ではあなたの先輩講習員である女性の連絡先をお伝えします。今後は彼女に色々と教えてもらってください〉

なるほど。先輩にアドバイスまでもらえるのか。どこまでも丁寧な会社だ。

すぐさま記載のアドレスにメールを送った。

〈メールしろと言われました〉

〈どうも。では講習する女の子が決まったらまたメールをください〉

その数時間後、徳馬から添付写真付きメールが。

〈かなこ・26才・B93W59　美月・21才…〉

4枚の写メとそれぞれのプロフィールが書かれている。

〈先輩講習員にアドバイスをもらって、この4人の候補から1名選んでください〉

うーん、迷うなぁ。直感ではボインのかなこちゃんが良さげだけど。一応、先輩に相談するか。

〈4人送られてきたのですが〉

〈そうね～。かなこちゃんは年齢が高めだから教えづらいし、美月ちゃんはルックス的に劣るから稼げなさそうだし…一番ロリっぽいなおちゃんにしなさいよ〉

あんまりロリって好きじゃないんだけど、最初は先輩に従っておくか。

〈相談の結果、なおちゃんで〉

〈了解いたしました。では調整してまた連絡します〉

〈ぼくはいつでもいいのでよろしくお願いします〉

講習が待ち遠しい！

6800円は戻ってきたが

１週間ほど期間が空いた。徳馬によれば、なおちゃんの働くお店がまだ決まらないらしい。業種がわからなければ講習のしようがない。ここは辛抱だ。

そして2週間後、待ちわびていた連絡が。

〈なおちゃんの入店する箱ヘルスが決まりました〉

やったー!!　ついにこのときがきたんだ!!　ヘルスだったらやっぱりフェラテクは叩き込まないとな。アナル舐めなんかも覚えておいたほうがいいし。

そしてときにはカラオケで相談に乗ってあげて、お金ももらえて…。サイコーー!!

ところが次に届いたメールはワケがわからなかった。

〈今回はヘルス店がなおちゃんを買い取った契約になりました。つきましては歩合のバ

ックではなく、買い切りでのお支払いとなります。指定口座に６８００円を入金いたしますのでご確認ください〉

はて？　買い切り？　だから６８００円？　なんのこっちゃ。

入金はあった。確かにあった。しかし講習の案内は届かない。

講習してないのだから月々の収入もなく、経費の10万円ももらってない。ん〜、どこかオカシイぞ？

その後、徳馬の会社から連絡が来た。

〈次の女の子を紹介したいので、７万5千円を振り込んでください〉

ぼく、ダマされてます？

安いよ、ヤリマン、痴漢でっちあげ…。アナログ手法だからこそ本物では？トイレの落書きの真実を探る

本庄あきら／東京都 30歳 フリーライター

不特定多数の人間へのメッセージは、ネットの掲示板に書き込むのが常識となっているが、そんな方法など知らないアナログな人はまだまだいるもので、今も公衆トイレには電話番号つきの落書きが散見する。

アレ、どうなんでしょうかね。時代遅れなだけにかえって、心の奥底からの本物の叫びのような気もするのだけど。調査してみましょう。

「裏モノJAPAN」2010年4月号掲載

目黒……「安いよー　0902342●●●●　TELして」

目黒駅近くのトイレのドアに殴り書きされたメッセージ。『安いよ』とは意味深だ。エンコーなのか、それとも危ないクスリでも売りさばいているのか。

電話すると、長い無音状態から聞いたことのない呼び出し音が鳴った。どうやら海外にかかっているようだ。

「Hello」

外国人の男性が出た。

「何が安いんですか？」

「What?」

わざととぼけているのかもしれない。ヤクの売人ってとこか。

「何が安いの？」

「What?」

「安いんでしょ？」

「What?」

話が噛み合わないまま、電話を切った。たぶん彼は

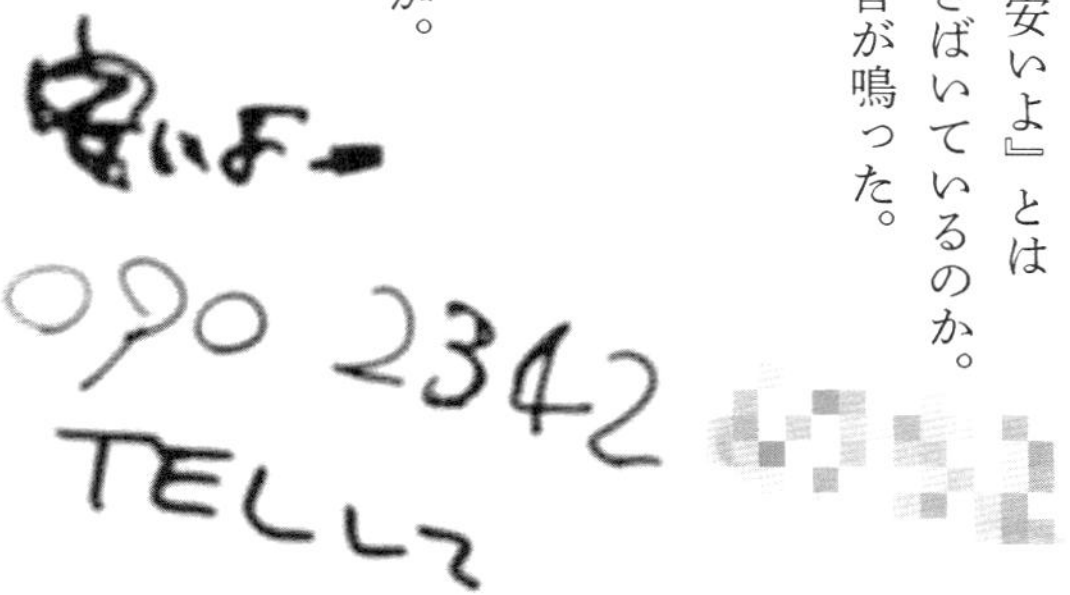

クスリの売人で、ただいま帰国中なのだと推理する。

目黒……「森ハ●ナ　03―3746―●●●●」

同じく目黒駅の公衆便所に、女の名前と家電が書かれていた。男子トイレの個室なので、本人の書き込みではありえないわけで。いったいどういう意味があるのだろう。さっそく電話を。

「はい、□○△です」

電話に出た相手は、確かに女だった。が、なぜか会社名を名乗っている。

「森ハ●ナさんですか？」

「えっ、違いますが？」

「ハ●ナさんのご自宅じゃないんですか」

「いえ、□○△ですけど…」

ふーん、てことはこの会社にハ●ナさんがいるのかな。

「社員の森ハ●ナさんお願いします」

「いえ、森という者はおりませんが」

「辞めたということは？」

「存じ上げませんが」

まったく、なんて意味のない落書きなんだ。嫌がらせにすらなってない。森さんにとっても、この会社にとっても。

「おかしいなぁ。トイレに書いてあったんだけど…」

「なんでそんなところに当社の番号が落書きされているんでしょうか」

いや、俺に聞かれても。


渋谷……「0804215●●●●　Dカップ　ヤリマン」


渋谷では、魅力的な落書きが複数見つかった。まずはDカップのヤリマンから。

「渋谷の落書き見て電話しました。おっぱい大きいの？」

「え？　ちょっと…いきなり何の話ですか？」

女は突然の電話に動揺しているようだ。

「公衆便所にＤカップ、ヤリマンって書いてあったから」

「ああ、またそれですか」

　どうやら数年前にも書かれたらしく、何度かイタズラで電話が掛かってきたという。以来、知らない番号には出ないようにしていたが、しばらくイタズラがなかったので油断していたそうな。

「エンコーとかでもないの？」

「違います」

「以前、やっていたとか？」

「ないです」

「イタズラにしては悪質だと思うけど、心当たりは？」

「うーん、怪しいといえば、怪しい人は多いのですが…。でも犯人まではわからない

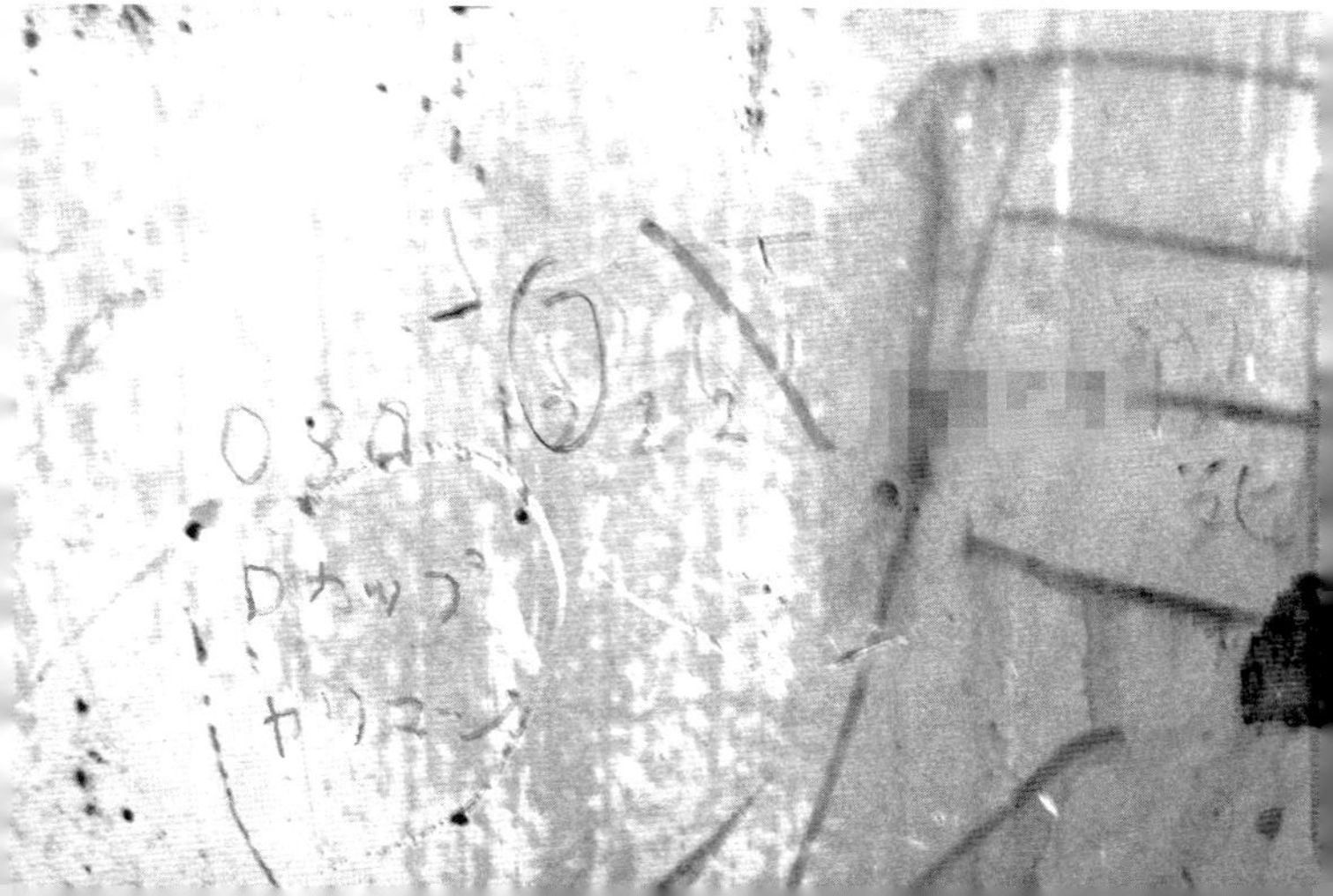

んです」

　敵が多いって大変だな。消しといてあげよう。

**渋谷……「0805038●●●●
2万18才」**

　これは明らかにエンコーだろう。買った男が書いたに違いない。18才で2万なら買いだぞ。

　電話口に出たのは若そうな女だった。

「あのー、2万でいいんでしょうか？」

「はぁ？」

「いや、渋谷のトイレに書いてたんで」

「は？　ていうか、わざわざ女性が男便所に入って書くと思う？　本当に鬱陶しいか

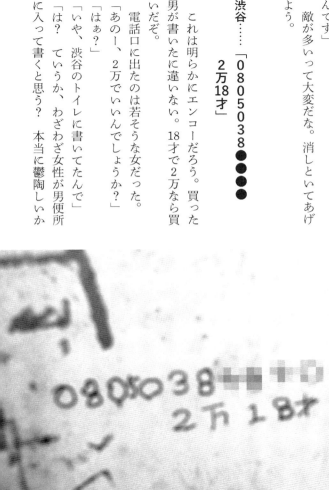

ら、消しといて！」

プツリと切られた。そりゃ俺だって君が書いたとは思ってないって。でも情報が正しいかどうかぐらい教えてくれよ。

新宿……「ちかんでっちあげ女　036403●●●●」

冤罪に苦しむ被害者の訴えかもしれない。これが本当なら許されることじゃない。ひとつガツンと言ってやらねばならんだろう。

「もしもし」

「はい、こちら○○です」

電話が繋がった先は、またもやどこかの会社だった。もしかしたら社員に該当する女がいるのかもしれない。

「新宿のトイレの落書きを見たんですけど」

「はぁ」

「痴漢でっちあげ女ってどういうことですか？」

「いえ、知りませんが」

「痴漢で問題になった女性社員はいますか？」

「おりません」

何度となく探りを入れるも、真相は謎のままだった。


渋谷……「ホモ専用TEL　09058●●●●●●　しゃぶらせて!!」


最後はホモものにもかけてみよう。出たのは男だ。

「落書き見たんですけど、ちんぽしゃぶりたいの？」

「…しゃぶらせてくれるの？」

男は声を潜めていう。ゲッ、なんでホモだ

けは本物なんだよ。

「ええ、しゃぶってもらえます？」

「バカじゃねえの。そんな落書き見て電話してくるんじゃねえ！」

いきなりテンションが高くなったと思ったら、罵詈雑言の後で電話を切られた。なんだコイツ？


結論。トイレの落書きはウソばっかです。

なるほど簡単にカラミは撮れるが。盗撮マスターが次々オープンさせる沖縄ハプニングバーの裏事情

匿名／沖縄県 42歳

ハメてるのは…オレじゃねーか！

自他共に認めるハプニングバー好きのオレ。何年も遊び歩くうち、近隣の店は、ほぼ制覇した。

「裏モノJAPAN」2011年11月号掲載

4年ほど前、沖縄市に新店ができたと聞き、さっそく、なじみのホステスと出向くことにした。その店『R』は沖縄市の外れ、とある雑居ビルの一室にあった。

「いらっしゃ〜い。身分証を見せてくれるかねぇ?」

マスターは中肉中背で、オレより少し年上だろうか。地元民のオレが言うのもなんだが、いかにもな沖縄男の顔だ。

「初めてなんですよ」

「そうだねえ、今後ともごひいきにしてよ」

他に客もいなかったので、酒を入れつつ、マスターとの会話に花が咲いた。彼は沖縄生まれで、昨年まで本土で働いていたが、ハプバー好きが高じてこの店を出したそうだ。

地元から近いこともあり、すぐ常連になった。週に1度は顔を出したろうか。

そうして3カ月ほどが過ぎたころに、Rで知り合ったある常連仲間から、「ちょっと話がある」と呼びだされた。真っ昼間から電話してくるなんてナニゴトか。

喫茶店で待っていると、ヤツは神妙な顔でビニール袋を渡してきた。中には付箋のついた雑誌が入っている。

「それのさ、そう、そのページなんだけどね…」

「ええっと…投稿写真?」

付箋のついたページは、エロ写真の投稿コーナーだった。素人が撮影したものを載せるアレだ。

そこになにやら見覚えのある写真が。このソファ、毛布、壁……バックでハメてるのは……えっ、オレ!?

犯人はマスターに決まってる

「絶対Rだよね？　これ盗撮でしょ」

いちおうモザイクはかかっているが、間違いなくオレとホステスのセックスシーンだ。Rの店内で誰かに盗撮されたってことか？　でもあそこはカメラを持ち込むの禁止だからなぁ。ん、ちょっと待てよ？

盗撮犯の予想はすぐについた。マスターだ。カメラのアングルはすべてマスターしか入れない厨房内（食器を洗うシンクの端が写っていた）からなのだ。

怒りを押し殺して夜を待ち、1人で店に行った。ヤツはのんきに酒をひっかけている。

「いらっしゃい。まだ今日は静かだよ」

「これ、なんだよ」

雑誌を投げつけると、マスターの表情がみるみる曇っていく。

「アンタが撮ったんだな?」

「いやあ、その…」

「正直に言え!!」

無言で下を向くマスター。観念したようだ。

「なんでこんなコトするんだよ。嫁さんにバレたらどう責任とるつもりだ」

「ごめんねぇ…ちょっとお金が足りなくて…すいません」

投稿の謝礼5万円欲しさに、店内に隠しカメラを設置したなんて言われても、到底納得はできない。

「なんか問題が起きたらアンタに責任をとってもらう」

マスターは慰謝料として、20万円払うと言ってきた。そんなことで気持ちは収まらないが、場所が場所だし、警察ザタなんかにできないからしかたない。

「手持ちがないからカネができたら連絡する」

マスターはそう言ってただただ土下座し続けた。

「R」はつぶれ新たに「W」が

ところが待てど暮らせど連絡がない。

業を煮やし、こちらから電話をすれば「来月の頭に店に来てくれればそのときに渡す」とぬかす。

しかし期日の前に、怖れていた知らせが入った。Rの常連からだ。

「店が開いてないんだ。トンズラしたみたいだよ」

マジかよ…どうしようもないオッサンだ。

嫁にはバレてないから良いものの、これじゃあ泣き寝入りした形だ。はぁ。もう忘れよう。思い出しても腹が立つだけだし。

ハプバーは他にもある。ウサ晴らしも兼ねて遊びまくったオレは、盗撮されたことなどいつの間にか忘れていた。

半年ほどが経ち、那覇に新しい店「W」ができたと聞いて足を運んだ。30代後半のママがやっている店だ。

「おう、久しぶり〜」

「あれ、ここに来てたんだ」

店内には顔見知りのカップルがいた。沖縄は狭いので、どのハプバーに行ってもたいてい知り合いがいたりする。

「ここのママさ、美人だろ？　ちょっと無愛想だけどね」

ママのおかげでずいぶん繁盛しているらしい。へー。景気いいんだ。

盗撮のためのハプバー開店か

あの一件以来、オレは例の投稿雑誌をときどき読んでいたのだが、あるとき目を丸くした。そこに信じられない写真が載っていたのだ。

どう見てもWの店内でカップル同士がセックスをしている写真で、アングルはやはりバーカウンターの内側から。これってまさか…。

オレは常連とともにWに乗りこんだ。

「ママさ、マスターどこにいんの？」

「え？　知らないけど」

「とぼけんな！　ここの責任者だよ」

「…オーナーは忙しいから」

「この写真、盗撮だろ？」

「……知りませんよ」

「いいからマスター出せよ」

「知りません」

この店、どうやら元Rのマスターが立ち上げたもので、また性懲りもなく隠しカメラを設置していたのだろう。

何度たずねてもママは取り合わず、オレたちは入店禁止になったが、ウワサが広がったのか、Wはすぐに閉店した。

また1年後、那覇に新店ができ、そしてまたまた例の雑誌にハプバー盗撮写真が載った。表に顔は出していないが、そこもあのマスターの店だったのだ。どうにも病気が治らないらしい。これじゃまるで盗撮&投稿のためにハプバーをオープンしてるようなもんだ。

㊈

マスターの息がかかったと見られる店が最後につぶれたのは1年ほど前のコザでのこ

と。もちろん理由は盗撮バレだ。

次にまた沖縄でハプバーが出来れば、また被害者が生まれることだろう。いや、あるいはあのオッサン、本土で同じことをやってるかも…。

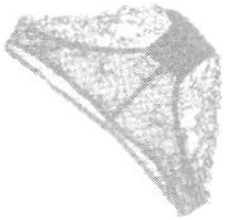

本当にエロい実話50

「裏モノJAPAN」読者投稿傑作選

震災後の大量避難との関連性は…。なんてことのない埼玉の公園に急に青姦カップルが増えた理由は？

遠藤雅則／埼玉県 41歳 土建業

俺の地元、うどんで有名な埼玉県K市にTという公園がある。樹齢何百年の木が見られる以外、特に何と言うところもない、ごく普通の公園だ。

ところが、ある時期をさかいに、そのT公園で〝異変〟が起きはじめた。それは周辺住人にとっては迷惑千万の、しかし俺にとってはありがた〜い珍事だった。

「裏モノJAPAN」2011年10月号掲載

なんで公園で男の人がチンチン出してるの？

今年6月のことだ。自宅で風呂上がりのビールを飲んでいると、待ちかまえていたように嫁が近寄ってきた。

「ねえねえ。今日みゆきがT公園で変質者を見たらしいんだけど…」

みゆきは小4になる長女だ。何でも塾の帰りにT公園のそばを通りかかったところ、全裸で公園内を練り歩く若い男を目撃したのだという。

眉をひそめて嫁が続ける。

「あのコ、帰ってくるなり私に『なんで公園で男の人がチンチン出してるの？』って聞くのよ。何だか怖いし、塾は休ませた方がいいかな」

嫁の心配ももっともだ。かわいい我が子が変態の毒牙にでもかかったらそれこそ取り返しがつかない。

すでに警察へは通報したと嫁は言うが、それでも不安を覚えた俺は、翌日、仕事帰りのついでに件の公園を偵察することにした。

T公園は住宅街の真ん中にあり、古い神社と隣接している。もともと明るい時間でも人のあまり寄りつかないところだけに、陽が落ちると人影がぱったりと途絶える。

ひとまず公園の周囲に車を走らせてみたものの、これといった不審者は見当たらない。

途中、パトカーと行き違ったあたり、ちゃんとパトロールは強化されてるようだし、ビビって逃げたのかも。

少し安心した俺は、園内の駐車場に車を停め、タバコに火をつけた。

数分後、若いカップルらしき男女が公園に現れた。

互いの股間に顔を埋め合うカップル

はじめのうちはカップルなど気にも留めてなかったのだが、タバコをもみ消し、車のエンジンをかけようとしたところでハッとした。20メートルほど先のベンチに腰かけた男女が、何やらモゾモゾと怪しげな動きを見せていたからだ。んん〜？　これってもしや…。

案の定、カップルはペッティングの最中だった。ときどき周りをきょろきょろ気にしつつも、互いの股間に手をやったり、顔を埋めたりとなかなか大胆である。

やがて女はスカートをはいたまま下着を取り、男の上に座位の形で腰を沈めた。あ、とうとう挿れやがったな。なんてハレンチな！

慌てて車を離れた俺はカップルのささやき声が聞こえるところまで接近し、手近な物影に身を潜ませた。なにせリアルな青姦を目撃したのは生まれてはじめて。心臓はドキドキだ。

息を殺しながらカップルの痴態を凝視していると、女の押し殺したような喘ぎ声が聞こえてくる。

「…あ、あ、あん」

「気持ちいい？」

「うん…あっ」

ひゃー、エロすぎるって。

興奮さめやらぬ気持ちで帰宅した俺に、嫁が偵察の成果を尋ねる。

「どう、大丈夫だった？」

「誰もいなかったよ」

会話もそこそこに俺はトイレに飛び込んだ。精子たぷたぷの金タマに「はやくはやく」と急かされながら。

被災者が避難してきた以降のできごと

以来、折にふれてT公園に足を運んだ。むろん、また青姦に遭遇できるかもという淡い下心があってのことだが、結果は期待をはるかに上回った。

驚くなかれ。何と3回に1度くらいの割合でカップルの合体を目撃したのだ。それも最初に見たカップルだけでなく他に4組も。

年齢の幅は20代〜30代半ばといったところで、どのカップルも遊具の周囲やベンチなど、わりと目立つ場所でセックスしているのだからうれしいやら呆れるやら。1度など、駐車場の隅っこで男女とも全裸になって立ちバックしているのを目の当たりにしたときはさすがに我が目を疑った。公園に人気がないのも関係しているのだろうが、とにかくみなさん、底抜けに開けっぴろげなのだ。

こうなると、みゆきが見た変質者というのが、恐らくあの青姦カップルのどれかだろうことは簡単に察しがつく。であれば、もうみゆきの身を案じる必要はないし、俺もまたとないのぞきスポットを発見できたしで、言うことない。ま、娘本人にとっては、教育上よろしくない状況に変わりはないのだけど。

☺

それから間もなく、T公園での青姦カップルの目撃率はガクンと下がった。ついに夜の公園がどういう状態になっているのかが周辺住人の知るところとなり、警官の巡回がさらに強化されたのだ。

それでもいまだに公園を通りかかると、暗がりの中でうごうごしているカップルを見かけることがたま〜にある。

が、きっと以前の活気

現在でもごくたまに青姦カップルが…

が再び戻ることはもうないだろう。
それにしても、気になる。なぜT公園は突然、青姦スポットになったのか。
ひとつ思い当たるのは、この事態、東日本大震災のあおりで、被災地の某町民の方々が公園近くの廃校に大挙避難されてきた以降の出来事だということだが…。

匿名／匿住所

確かに覗けはするけれど…。なぜ団体職員はホテルの天井裏で大きな物音を立てたのか？

左の新聞記事をご覧いただきたい。今年1月某日、東日本の団体職員がホテルに不法侵入した疑いで現行犯逮捕されたときのものだ。

どんなホテルなのか。何の目的で侵入したのか。なぜカギが空いていたのか。不明な点は多々あるが、最大の疑問はやはりこれだろう。

（なぜ男性は、下の部屋の利用客が気づくような、大きな物音を立てたのか）

「裏モノJAPAN」2011年4月号掲載

いったい彼は天井裏で何をしていたのか。記事を読んだだけではチンプカンプンだろう。

私は、彼と同じ職場に勤める団体職員である。すれ違いざまに会釈をする程度の関係にすぎなかったが、今回の事件に関しては深い部分を知り抜いている。

1万円払えば覗かせてくれる

私が勤めるのは、地方自治体が運営する団体である。具体的な名称は言えないが、地元では相当な影響力を持つところだと言っていい。

半年前のある日。同じ課の上司である中村（仮名）が、こっそりと耳打ちしてきた。

「Xホテルが覗けるってウワサ知ってるか？」

「え、ええ」

Xホテルは、後に事件の舞台になった場所である。表向きは旅館だが、中身はラブホテル。田舎

▼大型トラックにはねられ、男子高校生大けが

[redacted]日午前[redacted]時[redacted]分ごろ、[redacted]の国道[redacted]号で、近くの高校2年[redacted]君([redacted])が、[redacted]市[redacted]丁目、運転手[redacted]さん([redacted])の大型トラックにはねられ、頭の骨を折る大けがをした。

[redacted]署によると、[redacted]さんが[redacted]方面に直進中、車道の左側にいた[redacted]君をはねた。現場は片側1車線の直線道路。同署は原因を調べている。

▼ホテルに侵入した疑いで逮捕

[redacted]署は[redacted]日、建造物侵入の疑いで、[redacted]団体職員[redacted]容疑者([redacted])を現行犯逮捕した。

逮捕容疑は同日[redacted]時[redacted]分ごろ、正当な理由がないのに、[redacted]市内のホテルに侵入した疑い。

同署によると、ホテルの利用客から「部屋の天井裏で物音がする」と連絡があり、従業員がホテル内を調べたところ、ボイラー室の天井が壊されているのを見つけ、同署に通報した。駆け付けた署員が天井裏にいた[redacted]容疑者を発見し、捕まえた。ボイラー室の鍵は掛かっていなかった。同署が侵入目的などを調べている。

ではありがちな営業形態だ。

このホテル、以前から近隣住人の間で「覗ける」「盗撮されている」と噂されていた。

またその手のヨタ話かと思いきや、

「それが、ウワサじゃなくて本当に覗けるんだよな」

「なんでそんなこと知ってるんですか？」

「あまり詳しいことは言えないけど…わかるだろ？」

もともとXホテルの土地は、わが団体が貸している借地である。当然のように、両者のつながりは深い。だとすれば、そのあたりの関係から、利権が回ってきたとしても、不思議じゃない。まあ、あんまり詮索しないほうが無難かも。

「もちろん、タダで覗けるわけじゃないけどな」

「…金がかかるんですか？」

「1回1万円だよ」

高いか安いかはわからない。というか、この金、誰に払うものなのか。中村が懐に入れるってことか？

「そう詮索するなって。けっこうみんな覗きに行ってるよ」

「マジっすか？」

「うん。まあしがない公務員の楽しみみたいなもんだ。どう？　見に行かない」

行ってみるか。少し罪悪感はあるけど、カップルの痴態が覗ける機会なんてなかなかないしな。

私はすぐに銀行から金を下ろし、中村に渡した。

ベッドサイドでいちゃつくシーンのみ

3日後の深夜、Xホテルの敷地に向かうと、中村が1人で待っていた。

彼の案内で、敷地内のボイラー室に入り、天井の壊れた部分から上に昇り、ホテルの天井部分へと侵入する。緊張で心臓がバクバクだ。

そのまま、音を立てないよう、忍び足で真っ暗な天井を進んでいくと、彼方に小さな光が見えた。天井に穴が空いてるみたいだけど…。

「ここ、ここ」

耳元で囁く中村。てことは、この穴の下の部屋でカップルが乳繰りあってんのか。くー、たまりませんよ、これは！

さっそく天井に目を当ててみる。が、これがまったくの期待はずれだった。穴が小さ

魅惑の天井裏♥
ああん
あああん

すぎて、ろくろく下の部屋が見えないのだ。

（どうにかなんねえのかよ！）

体勢をかえたり、目を穴にピッタリくっつけたりしてみたがダメだった。見えたのは、カップルがベッドサイドでいちゃつくところくらいだ。

（せめてもう少し穴が大きかったらなあ）

それでも、私は何度かこの1万円のノゾキに参加した。覗きが目的というより会社の付き合いに近い感覚、という方が正しいかもしれない。

ときには同じ団体の同僚たちとも鉢合わせた。みんな、こんなことしか楽しみがないのである。哀しいというか何というか。

ただやはり、穴の小ささはいかんともしがたい事実である。1万円の出費が惜しくなった私は、自然と足が遠のいていったのだが…。


被疑者の男性は、おそらくや1万円を惜しんで1人で勝手にノゾキに行き、その場で現行犯逮捕されたのである。

この事件の話が職場に流れたとき、私をはじめとした覗きの関係者は騒然となった。

自分らにも捜査の手が及ぶと考えたのだ。

しかし彼は逮捕後、動機はおろか、仲間のことを一切謳わなかった。私たちがホッと胸をなで下ろしたのは言うまでもない。

さて、最大の疑問、なぜ天井で大きな音を立てたのかという点であるが、体験者である私は聞かずともその理由を推測できた。

拘留中の彼と面会した人間も、やはりこう言っていた。

『穴が小さかったので、大きくしようとしたそうだ』

わかる。その気持ちはよくわかる。でも実行しちゃイカンだろ。

「裏モノJAPAN」読者投稿傑作選 本当にエロい実話50

amazonの〝ほしい物リスト〟にAVやバイブを登録してる謎の女。買ってあげたお礼はなんと…

三枝ケーン／東京都 29歳 会社員

amazonの「ほしい物リスト」は、欲しいと思っている商品を登録しておくためのリストなのだが、どういうわけかアカの他人からも見られるようになってる不思議なページだ。

以前の「裏モノJAPAN」で紹介されていたとおり、適当なオンナ名で検索すると、その子が欲しがってる商品がわかってけっこう楽しい。

「裏モノJAPAN」2012年10月号掲載

特にエロっぽい水着だの、やらしいマンガなんかがあったときは、ムフフ感が増すものだ。

プレゼントして感想を教えてもらおう

それはいつもどおりに適当なオンナ名で検索をしていたときのことだった。東京に住む「さ●」ちゃん（ひらがな2文字）のページに目が留まった。彼女のプロフィールに写真が載っていたからだ。

普通はほしい物リストに自分の写真なんて載せない。あったとしても犬とか他愛もないものがほとんど。

だけどこの人は全身写真だ。顔にモザイクなんて入っておらず、メガネをかけた色っぽい容姿がまるわかりだ。

さらに興味をそそったのは、彼女のリストだ。ざっとあげてみよう（商品名はちょっとだけ変えてます）。

▼ビデボでオナる女盗撮（AV）

警告
アダルト商品

クリスタルボーイパール入りピンク
NPG
(93)
~~¥ 5,040~~ ¥ 1,950
在庫あり。 出品者: Amazon.co.jp
4点の新品/中古品 ¥ 1,950より
ショッピングカートに入れる　新しいリストに移す ｜ 削除する

警告
アダルト商品

めちゃくちゃに犯された熟女 壮絶レイプ集 AVマーケット [DVD]
(DVD)
~~¥ 2,980~~ ¥ 2,682
在庫あり。 出品者: Amazon.co.jp
5点在庫あり。ご注文はお早めに。
23点の新品/中古品 ¥ 1,787より
ショッピングカートに入れる　新しいリストに移す ｜ 削除する

警告
アダルト商品

ラブクラウド 小力 超強力ローター搭載 ディルド
ラブクラウド
(9)
~~¥ 4,200~~ ¥ 1,617
在庫あり。 出品者: Amazon.co.jp
4点の新品/中古品 ¥ 1,617より
ショッピングカートに入れる　新しいリストに移す ｜ 削除する

警告
アダルト商品

【Be★With-ex】パープルアイズ Tバック
Be★With Collection
~~¥ 1,050~~ ¥ 661
在庫あり。 出品者: Amazon.co.jp
9点在庫あり。ご注文はお早めに。
2点の新品/中古品 ¥ 645より
ショッピングカートに入れる　新しいリストに移す ｜ 削除する

▼デカマラ伝説（バイブ）
▼クリスタルディルド
▼透け透けTバック

なんちゅうもんを欲しがってんだ、この女。超がつくほどの変態だよ。なんとか彼女と接点を持てないものか。

ひとつだけ方法がある。

アマゾンでは他人に商品をプレゼントできる機能がある。つまり彼女のほしい物リストにあるアダルト商品をオレが買ってあげ、メッセージ欄にこっちの連絡先を書いておけば……。

さっそくリストの中からAVを選び、カートに入れて、お届け先を彼女に設定（相手の住所などは表示されない）。そしてメッセージ欄に、

『よかったら使ってみて、感想を聞かせてください。●●@××』

いきなりのプレゼントに困惑するかもしれないが、感想はなくともお礼のメールくらいはしてくるでしょ。

使った証のオナ動画が！

変態ちゃんからの返信は3日経ってもこなかった。AVはすでに発送されて、彼女が受け取ったのもわかっているのに。なんだよ、ツレないなぁ。

だがこの出来事を忘れかけていたある日の朝。パソコンを立ち上げたら、見知らぬアドレスからメールが届いていた。

件名や本文にはなにも書いていない。おっ、動画が添付されてるぞ。クリック。

……なんだこりゃ!!

驚いたことにそのわずか30秒ほどの動画には、例の写真どおりの顔をした女性が、下半身ハダカでイスに座っていて、テレビらしきものを見ながらオナニーしているじゃないか。しかもテレビ台にはオレが買ってあげたAVのパッケージが！

そう、これは彼女なりのお礼のしるしなのだ。ちゃんと観てオナりましたよという報告も兼ねた。

なんて奇妙な、そして律儀なオンナなんだ。

調子に乗って、今度は目の前でオナってもらいたいなと返信したが、反応はなし。となれば次の行動は自ずと決まる。また彼女のほしい物リストにある商品をプレゼントして、新たなオナ動画をゲットしてやる！

今度は極太の黒ディルドを送ってあげると、またもや数日後に文字のない動画だけのメールが届いた。

内容は、ディルドを丹念にフェラしてる（カメラ目線）ものと、しゃがんだ状態でそれを挿入しているものだ。アンタ、最高！

彼女はいまもamazonにいる。ほしい物リストから「さ●」の2文字で検索すればすぐ見つけられるだろう。

妻を亡くして相手がいなくなった…。オヤジAV男優講座にダマされた性欲が強すぎる齢73の老人

伊藤洋二／愛知県 73歳 無職

いつも「裏モノJAPAN」を拝読している73歳の男性です。この本を読んでいる中では、もしかすると最年長かもしれませんね。

恥ずかしながら私もひとつ投稿を書かせていただこうと思います。決して他人様には話せない詐欺の被害に遭ってしまった愚かな老人の話に、しばしの間おつきあいください。

「裏モノJAPAN」2012年4月号掲載

ハリのあるオッパイに埋もれてみたい

昭和13年、戦時中の名古屋で産声をあげた私は大手の銀行に勤め、高度経済成長期の日本でがむしゃらに働いてきました。

妻との間に子供を2人授かり、60代で定年を迎えてからは、孫に囲まれた隠居生活。慎ましいながらも幸せな人生を送ってきたと思っています。

しかし今から4年ほど前に妻を亡くし、人生が空虚に感じられてきました。妻を失った喪失感もさることながら、旺盛な自分の性欲を持て余すようになったのです。昔から性欲が強かった私

これがその広告だそうで

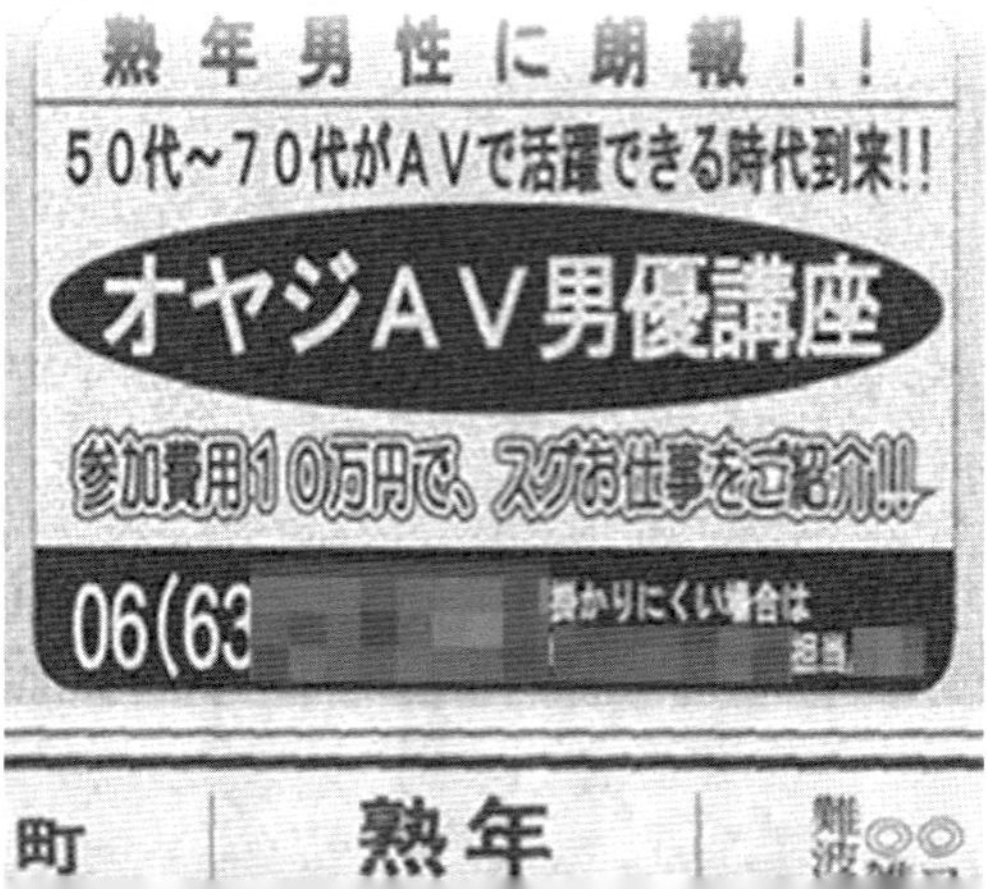

と妻は、70歳を越えてからも、月に2度ほど関係を持っていたほどですから。

妻がいなくなり、私の娯楽は、孫と遊ぶことよりも、近所のレンタルビデオ店で借りてきたAV鑑賞になりました。

お気に入りは、私のような老人が出演している作品です。義理の娘を犯してみたり、介護ヘルパーに性処理をさせてみたり。AVの中の老男優たちは若くて綺麗な娘さんと楽しげにまぐわっています。正直うらやましくありました。

そんなある日のこと、スポーツ新聞の、とある広告に視線が釘付けになりました。

『70代がAVで活躍できる時代到来！　オヤジAV男優講座』

まさに求めていたものでした。私も若い女優さんたちとまぐわりたい。ハリのあるオッパイや肉付きのいいお尻に埋もれてみたい。

気がつけば電話を手にとり、広告に記載されていた番号にかけていました。

孫のような娘が初老の男に尺八を

電話に出た菅沼と名乗る男によれば、3日後に講習会が開かれるとのことです。ただし参加人数に限りがあると急かされ、私はすぐに申し込むことを決めました。

3日後、費用の10万円を持参して、指定された駅前の雑居ビルへ向かいました。会場は10畳ほどの小さな会議室で、中に50代から70代までの男性8名がひしめいています。

「皆さんは若い女の娘とセックスできて、お金が稼げるという最高のチャンスに恵まれたんです。頑張りましょう」

有名AVメーカーの社員を名乗る男性講師による座学が始まりました。他の参加者たちは口を開けてボーッと聞くだけでしたが、AV業界の現状から今後の予測、老人男優の需要の高まり、現場の様子などなど、私は要点をメモにまとめ、真剣に聞き入っていました。元銀行マンの性分かもしれません。

「みなさん、こんにちは！」

続いて登場したのは、22歳のAV女優のタマゴでした。丸顔で目のパッチリとした可愛いらしい娘さんです。不覚にも孫のような彼女の白い肌に欲情を覚え、下半身が熱くなるのを感じました。

「私はこの講座では尺八の実技を担当しているんですが、どなたか練習台になってもらえませんか？」

実技講習の時間です。尺八してもらいたいのは山々ですが、こんな場所で名乗り出るほど、私は積極的ではありません。指名を受けた初老の男性がサックをかぶせ、若い彼女の口で愛されているのを、ただうらやましく眺めるだけでした。

4回出演してトントンなら悪くない

菅沼から連絡が入ったのはそれから3日後のことです。

「手続きが済めば、すぐに撮影に入れますよ」

「本当ですか！」

こんなにすぐに仕事が入るとは。

「ただし、男優としての事務所登録料と宣材写真、保証金などのお金が必要でして」

菅沼によれば、女優さんへの保証金（20万円）、アダルトビデオ男優協会費（10万円）、事務所との契約保証費（30万円）などなど、色々な名目の経費を含め１２０万円が必要とのことでした。

「報酬はいかほど？」

「最終的な売り上げにもよりますが、１本あたり30万円ほどです。すぐに元は取れますから安心してください」

妻の保険金や退職金などそれなりの蓄えがあったので、１２０万円程度の現金ならすぐに用意できます。4回出演してトントンならば悪くはないでしょう。

翌日、現金を用意した私は喫茶店で菅沼と落ち合いました。隣には若いお嬢さんが座っています。

「彼女がお相手になります」

パンティが見えそうな短いスカートから、むっちりとした太ももが露わになっていました。心臓の音が聞こえるほど私は緊張していました。

さすがにいきなり撮影ではなく、その日は男優と女優との顔見せだけのようで、現金120万円の受け渡しの後、3人で固い握手をして別れました。


しかし、連絡はここで終わりました。

業を煮やした私は、06で始まる菅沼の会社へ抗議の電話を入れましたが、繋がっていた電話番号は使われておらず、菅沼の携帯も解約されていました。

年寄りが調子に乗ってはいけないのかもしれませんね。

「裏モノJAPAN」読者投稿傑作選本当にエロい実話50

「ニホンジンの女の子、買えますよ」サイパン旅行中の女子大生が現地でノー天気に売春してます！

黒田祐作／東京都 50代 自営業

昔からサイパンが好きでよく訪れている。温暖な気候、綺麗なゴルフ場、日本人の口に合う料理などなど、日ごろの疲れをリフレッシュするにはもってこいの島だ。
だがそんなサイパンフリークの私でも知らないことがあった。その事実を知ったのは、昨年の8月に足を運んだとき、とあるタクシーに乗ったことがきっかけだった。

「裏モノJAPAN」2013年3月号掲載

日本人の売春婦なんて聞いたことがない

その日、海岸沿いにある有名なショッピングセンター『DFCギャラリア』で買い物を終えた私は、いきつけのレストランバーに向かおうとタクシーに乗った。

適当な英語交じりで挨拶をしてシートに乗りこむ。走りはじめてすぐに、運転手が、ヘタクソな日本語で話しはじめた。

「社長、ニホンジンの女の子、買えマスヨ」

「え?」

「ワタシ案内できるんダヨ」

理解に苦しんだ。おそらくこの運ちゃんは売春婦を紹介しようとしているのだろうが、よりによって日本人の女だなんて。

サイパンにおける売春婦といえば中国人が大半をしめる。あとは韓国系か。日本人なんて聞いたことがなかったし、私と同じようにサイパン好きな連中の間でも話題にのぼったことがない。

恥ずかしながら、激しく興味を持った。いったいどんな日本人がサイパンで売春をしているというのだろう。

「オーケー、そこに案内してよ。いくらぐらいかかるのかな？」

「350＄でいいよ」

日本円でおよそ3万弱（2013年時）といったところだ。けっこういい値段だけど、この運ちゃんへの紹介料なんかを考慮すればそんなもんか。

ビーチ沿いに走ること数分。タクシーはスーパーマーケットの駐車場に入っていく。

「女の子スグ来るから待っててネ」

スーパー入口で私を下ろした運ちゃんは、そう言い残して走り去った。

本当に来るのか不安になりながら5分ほど立っていたら、目の前にワンボックスカーが止まった。運転手はアジア人の女だ。というか、もろ日本人っぽい。

この付近のタクシーに聞け
（ギャラリア）

「黒田さんですよね？」

「はい、そうですが…」

「プレイルームまで行くので乗ってください」

　彼女は助手席のドアを開けて手招きしてくる。この子が売春婦の元に届けてくれるのだろうか。日本ならどこでも見かける、髪の毛ゆるゆるパーマの、女子大生風だ。

「送ってくれるのも日本の子なんだね」

「ふふふ。アタシがお相手するんですよ。ほら、乗ってください」

……ええ～！　キミが売春婦なの⁉

大学の同級生がそろって小遣い稼ぎを

　車に乗って話を聞けば、彼女は正真正銘の日本人で、20歳だそうだ。

「こっちに住んでるの？」

「いえ、旅行で来てるんです」

「え、旅行中なの？」

「そうですよ。アタシ大学生なんで、夏休みに友達と来たんです。このアパートです」

女子大生がサイパンに旅行に来て、現地で売春してるだなんて。いったいどういう事情なのか。

アパートの部屋に入ると、ワンルームにベッドとテレビだけの、殺伐とした光景が広がっていた。

ベッドに腰かけた彼女がそろりと手を出す。

「お金、いいですか？」

「…ああ、はいはい」

「ありがとぉ〜。じゃあ脱いで横になってくださいね〜」

とびきりの笑顔になった彼女は、自分もTシャツを脱いでブラジャーを外し、私の横にピタっとくっついてくる。

「本当助かりますよ〜。これで洋服買えるし」

「洋服、買うんだ」

「そうです。あ、サイパンはよく来るんですか？」

「うん、まあね」

「タコベルのタコス食べました？　超オイシイですよね。食べたくなってきちゃった」

思っていたよりも、ずいぶんと明るいんだな。悲壮感のかけらもないっていうか。

「旅行で来てるって言ってたけどさあ、その、こういうバイトって誰かに誘われてやってるの？」

「そうです。みんなやってるんで。ワタシは3回目です」

「みんなって、一緒に来てる子もってこと？」

「そうですよ。だってアタシに紹介してくれたのもその友達ですもん」

　彼女の説明を聞いて驚いた。

　1年ほど前、最初のサイパン旅行で一緒だった同級生の女の子に誘われたというのだ。その同級生はそれよりもっと前に、サイパンのビーチで声をかけてきた日本人男性から売春の仕事を持ちかけられたらしい。

「まずサイパンに来る前に、お客さんを紹介してくれるオジサンにメールを入れておくんです。いついつから行くのでお願いします、みたいな感じで」

「へ、へえ」

「で、予定を組んでもらえるんで、お客さんが来たら電話が来て、こうやって会いにくるんですよ」

　毎回1週間ほどの滞在で4、5人の客をとり、10万以上を稼いでいるそうだ。そのオジサンの元にクルマを返しに行く際、プレイ代の3分の1を渡すシステムだとか。

つまり、彼女らは仕方なく売春をしてるのではなく、自らの意志で行動していることになる。いや～、本当、最近の若い子の発想はぶっとんでるというか。

「だいたい旅費はこれでペイできちゃうんで、オイシイですよね。せっかく海外旅行してるんで美味しいものも食べたいし」

「なるほどね。ほぼタダで旅行できてるようなものなんだ」

「はい。旅行のときくらい、パーっとやりたいですもん」

このバイトのおかげでブランドバッグや宝飾品などなどを買ったりと、ずいぶんリッチな旅行をすごしているようだ。

そういうことならこちらも気後れする必要はない。つやつやなお肌と豊満な胸に吸い付く。ときどき上目遣いをはさみながらのフェラチオのあと、彼女が持参したコンドームを装着して、若さあふれるキツキツのオマンコを堪能したのだった。

「あ、明日ってまだこっちにいます？」

「ああ、いるよ」

「アタシの友達にも会ってあげてくださいよ。ここに連絡もらえれば紹介しますから」

一緒に旅行している女の子は、全員同じ大学の同級生なんだとか。しかも直接連絡すれば、2万でOKだなんて、ああ、また買ってしまいそうだ…。

サイパン旅行の際はぜひ、タクシーの運ちゃんに日本人を買いたいと告げてみてほしい。先の『ギャラリア』以外にも、『ジョーテン』などのタクシープールをうろつけば、知ってる運ちゃんもいるはずだ。

㊉

タダで出会えるのはありがたいが。区役所の相談係が紹介してくれたワケありすぎな婚活さんたち

加藤幸樹／東京都 35歳 会社員

婚活パーティにでも行こうかとネット検索をしていたところ、偶然に見つけたのが、オレの地元、I区役所でやってる結婚相談だ。

そこは結婚についての助言やアドバイスのほかになんと『紹介』までしてくれるらしい。

ま、冷やかし程度に行ってみるのもいいかもな。役所の紹介なんて、間違っても美人

「裏モノJAPAN」2013年2月号掲載

は来なそうだけど、そんな贅沢を言える立場でもないし。

あらかじめ電話で予約をして区役所に足を運んだ。正確には区役所に隣接するビルの4階だ。

中に入り、『結婚相談』のコーナーにいるおっさんに声をかける。

「電話した加藤ですけども」

「はい、えー、加藤さんね。今日は初めてのご相談？」

「はい、お願いします」

いすに腰かけ、持参した収入証明書や戸籍謄本を手渡す。おっさんはしばらくそれを見てからクチを開いた。

「加藤さんの収入なら、そういったお相手ができても不思議じゃないですよね」

「はぁ」

「何に原因があると思われますか？」

「えっと、顔とか、ですかね」

「そういったこと以外に、たとえばギャンブルが好きとか、お酒の癖が悪いとか」

「まぁ、たまにパチンコは行きますけど」

「まずはそういうところを直したほうがいいですよ。女性は嫌がりますから」

そこから20分、オレのささいな悪いところを直すよう、懇々とアドバイスを向けてくるおっさん。オレはそういうのを聞きにきたわけじゃないんだけど。

ラチがあかないので、こちらから切りだした。

「なんかこちらで女性を紹介してもらえるって」

「ええ、まあそういう場合もあるんですけど、初回の相談ではできないんですよ」

えー!!　おっさんによれば、何回か相談に来たうえで生活改善が見られたら紹介するような慣習になっているらしい。

子連れの女が「生活保護なんですよぉ」

オレは通った。半年かけて3回もだ。どんだけ彼女ほしいんだよ、って自分でも思ったけど。

そして3回目にしてようやく嬉しい言葉が。

「ウチで紹介できる方がいるので、良かったら1度会ってみますか？」

「ぜひお願いします！　あ、お金とかかかるんですか？」

「いやいや、そういうのはありません」

加藤さんですかーっ、
「区」が紹介してくれた女とは…?、

おっさんは言った。その女性は30歳のバツイチで、子供が1人いるそうだ。

なんだか地雷のニオイがするけど、ここまできたのだからと、翌週の休みに喫茶店で会うことになった。

緊張の日、昼の1時に指定された汚い喫茶店にやってきたのは…ポニーテールにトレーナー姿で、3歳くらいの子の手をひいた女だった。うわ…なんか、こういうヤツってボロい団地なんかによくいるよ。

「あー、加藤さんですよね。今日はよろしくぅ」

「あ、あ、よろしくです。どうぞ座ってください」

カレー事件の林真須美みたいな顔で、子供をあやしている。

「あの、役所の紹介でいままで会ったことあるんですか？　オレ初めてで」

「アタシは2回目、かな？」

「へぇ〜。やっぱり結婚相談に行ったんですか」

「ううん。ウチ生活保護なんですよぉ。それで役所の人が、いい人いるからって言ってきたんでぇ」

くそ、あのジジイ。なんでこんなクソ物件を勧めてくるんだよ！

真須美はコーヒーとパフェを頼んで子供と一緒にほおばっている。こちらからなにか話しかけない限りはクチを開かない。オレ、こんなヤツにまでモテないのかよ…。

会合は30分で終わった。当然パフェの代金はオレ持ちだ。


「シェルターってところに隠れてる状態でして…」


後日、再びおっさんの元に出向く。

「こないだの人はどうでしたか？」

「いやちょっと、価値観が合わないというか…」

おっさんは「そうやって人のうわべだけを見てるのが良くない」だなんだとまくしたてたのち、違う女性を紹介してくれた。

「こちらもバツイチの方です」

「はぁ（またかよ）」

「でも少し若いですよ。24歳です」

「会います！」

若さにとびついた俺に、おっさんは淡々とスケジュールをたずねた。

そして当日。例の喫茶店で待っていたら、水商売風の女がやってきた。顔はまあ、かわいい。昔のアムロちゃんの5割減くらいか。ぜんぜん守備範囲です。

「はじめまして、加藤です」

「どうも」

彼女がコートを脱いだ。セーターの上からでもわかるなかなかの巨乳ちゃんだ。

「あの、お仕事は何をされてるんですか？」

「僕は普通のサラリーマンです。そちらは？」

「いまはちょっとワケがあって、何もしてないんですよ」

「ワケって？」

「その、前の主人にDVにあって、いまはシェルターってところに隠れてる状態でして…」

…ヘビーだな、おい。

彼女が言うには、現在はアパートで暮らしていて、生活費も区に出してもらっているらしい。子供は施設に預けて、自らは部屋にこもりっきりなのだとか。

「…えーっと、相手を探してはいるんですよね？」

「ええ、でも今はなかなか自由に外出もできないんで」

こちらも役所に行くうちに、結婚相談の課を紹介されたそうだ。あいつらが紹介してくる女って、こういうのばっかりなのか？

帰り際、いちおう連絡先の交換をしようとしたが、ケータイを持ってないのでその都度役所を通してほしいと言われた。どうすりゃいいんだよオレは。

3人目は29歳の独身女性だった。会うことになったのはつい先月のことだ。

喫茶店に座るオレの目の前にあらわれたのは、白鵬みたいな百貫デブちゃんだった。好きなバンドやゲームなど、趣味はあうのだが、とにかく百貫デブだ。

オレはいま、彼女とメールでやりとりをしつつ、4人目を紹介してもらうかどうか悩んでいる。

こういう公的な結婚相談所は他の自治体でもやっているらしい。いい子がいるとはとうてい思えないけど。

美女揃いで有名なあのIT企業。残念ながら、やっぱり社内でヤりまくってるそうです

内藤朝雄（仮名）／東京都 24歳 会社員

ネットでしばしば話題になることもあり、ご存知の方も多いだろう。渋谷に本社を構える、女性社員が可愛いことで有名なIT企業Z（頭文字ではない）。こいつら、どうせ社員同士でヤりまくってんだろなとか、この会社に入ればヤりまくれるのだろうかと気になったことがある人は少なくないはずだ。

この度、編集部はZで働く社員に、その実際のところを聞いてみた。

「裏モノJAPAN」2014年7月号掲載

…はい、残念ながらやっぱりヤッてるみたいです。

ゲップが出るほどの豪華メンバーが

今から2年前、オレはZに新卒採用で入社した。ちなみにオレの経歴を簡単に話すと、大学時代は男だらけの理系で特にモテた経験もなく、顔もかっこいいと言われたことはほとんどないごく普通の男と言ってよいだろう。

Zの凄さを最初に実感したのは、来年度入社予定の学生が一堂に会する内定式だった。ネットで話題になったこともありご存知の方も多いと思う。オレは、その日集まった女子社員のレベルの高さに驚きを隠せなかった。女性ファッション誌の現役モデル、元アイドル、ミスコン出身者など肩書きを聞いただけでもゲップが出るほどの豪華メンバーが勢ぞろいしているのだ。

もちろん、かわいいのは同期だけではない。その日会った先輩女子社員も、ファッション誌からそのまま出てきたようなキャリアウーマン風からロリ顔巨乳ちゃんまで、ここで働けると思うだけでその日は胸の高鳴りが止まらなかった。と同時に、オレみたいな普通の男が彼女たちとうまくやっていけるのだろうか、という心配があったのもまた事実だ。

居酒屋のセックスもまたか、扱い

入社後、本格的に業務が始まってからのある日、同期入社で貫地谷しほり似の女子に廊下で呼び止められた。

「内藤くん、今夜空いてる？」

「まあ、空いてるけど」

「じゃあ、決定ね。飲みいこうよ、お店もう決まってるから」

聞けば、今夜は同期入社組10人ほどが集まるという。そんなの行くに決まっているでしょ。

夜の9時前。残業で遅くなりながらも、オレは宴が催されている飲み屋に足を運んだ。

席を見てまず驚いたのは、その女子率の高さだ。なんと、男性は俺を含めて4人、残りは全員女子なのである。むろん、みな粒ぞろいでかわいいのは言うまでもない。

「内藤くん、遅いよー！」

貫地谷ちゃんの隣に座り、遅れてきたオレを中心に乾杯を済ませ、簡単な世間話が始まって…と言いたいところだが、既に全員が出来上がっており、オレはほとんどスルーでそれまでの流れに乗る形となった。

貫地谷ちゃんと談笑しながら周りをよくよく観察すると、それぞれがやたらとベタベタしているのがわかる。手を絡め合ったり、腰に手を回したり。まるで、酔いがまわってハメを外している大学生のサークルのようで、何かが始まりそうな予感がプンプンするのだ。俺から見れば、今にもラブホに行きそうなカップルにしか見えない。

30分ほど経過したところで、異変が起きた。奥に座っていた男女が一緒に席を立ったのである。

「なんか2人今日ラブラブじゃない？」

2人は手をつなぎながら店を出て行ってしまった。これだけいれば、入社してすぐに付き合うカップルもいるんだろうな。

貫地谷ちゃんに聞いてみた。

「あの2人、いつから付き合ってるの？」

すると、意外な答えが。

「え？　別に付き合ってないよ、あの2人」

なんと、あのイチャイチャはこの場で作り出されたものに過ぎないと言う。どんだけノリがいい会社なんだ、Zは。

20分ほどすぎたところで、ようやく2人が戻ってきた。なんだか、どこかすっきりしているように見えなくもないけど、気のせいだよな。

「おかえりー」

「なにしてたのー！」

2人をいじるメンバーに対して、男は笑って誤魔化すのみ。怪しい、怪しすぎるぞ。

その日、残りの男子メンバーだけで開かれた2次会で、疑問をぶつけてみた。

「さっきの2人、付き合ってないってマジなの？」

「ああ、ないない」

「さっき抜け出したあれって、ヤってたりしないよな？」

「え、何言ってんのオマエ」

なんだ、ヤってないんだな。やっぱり。

「違う違う。ヤってるに決まってるじゃん」

一瞬、固まってしまった。聞けば彼女は過去も同様に居酒屋のトイレで会社の男とヤった経験があるというのだ。なので、他のメンバーからすれば今回もか、という話らしいのである。恐るべき、Z。

社内の誕生日会で消えてゆくカップルたち

まだ話はある。残業が多いZは、夜も会社に縛り付けられることがしばしばだ。おかげで社員同士のコミュニケーションは密になり、社内での飲み会も多い。

特に、毎月行われる社員の誕生日会は簡単にケーキでお祝いを済ませたあとは飲み会の流れになるのだが、ここでも社員同士でそのまま消えたり廊下でキスをしているのを目撃したことが何度もあるのだ。

これらの現象、あくまで社内の一部の者の動きに過ぎないかもしれないが、あの美女たちの中にはヤリまくってる女がいるということだけは歴とした事実だ。

かくいうオレも最近、ようやく飲み会後に後輩女子を自宅へ連れ込むことに成功した。Zは会社の近くに住んでいる社員が多いこともあり、家飲みも活発で、自宅への連れ込みがわりと容易なのだ。

むろん、全員がこんな調子というわけではないが、この会社にいれば当分女性には困らないというのはあながち間違いではないとオレは思っている。

『空き』のはずなのに中にカップルが…。伊東F旅館の貸し切り風呂がスワップ相手探しの場に？

香川トシオ／神奈川県 41歳 無職

昨年末、セフレの人妻、ナオミ（31歳）を連れて、静岡の伊東温泉に出かけた。宿泊先のF旅館は、混浴露天風呂がいくつもあり、露出マニアの間ではかなり知られた場所だ。もちろん俺も、ナオミとの露出プレイを楽しむつもりでいた。他の男性客から裸をジロジロ眺められ、もじもじと恥ずかしがる彼女。そんな姿を想像するだけで口元がどうにもニヤついてしまう。

「裏モノJAPAN」2016年11月号掲載

ところが宿に到着後、思ってもみない事態が。最近、宿側が混浴風呂をすべて廃止し、ただの貸切風呂に変更してしまったというではないか。ガーン、マジかよ！　せっかく楽しみにしてたのに…。

僕らの部屋でもっと楽しまない？

部屋に入ってしばしゆっくりした後、ナオミを連れて貸切露天風呂へ向かった。露出プレイがフイになったとはいえ、せっかく温泉に来たのだ。こうなったら自分たちだけで、しっぽり楽しむしかない。

ところで、この旅館にある8つの貸切露天風呂は、どれも客が勝手に出入りできる仕組みになっている。各風呂の入口にある木札が「空き」になっていれば、それを「使用中」に裏返して入浴。出るときはまた「空き」に戻す。つまり健康ランドの貸切風呂のように、いちいちフロントを通す必要がないのだ。

ナオミを引き連れ敷地内をテクテク歩いてみたところ、木札が「空き」になっている風呂は一つしか残っていなかった。ふむ。じゃあ、ここに入ろうか。

しかし、ガラリと開いた入口の戸の先には、2人分のスリッパが。どうやら先客が木札を裏返すのを忘れて入浴してるらしい。

慌てて引き返そうとしたとき、風呂の中から男の声が飛んできた。

「あ、もしよかったら、ご一緒にどうですか？」

長年、様々なエロ遊びに没頭してきた俺の、勘のようなものが働いた。このお誘いは素直に受けた方がいいかも。

ナオミの顔を見る。

「せっかくだし、ご一緒させてもらおうか」

「え〜、やめとこうよ」

「いいじゃん、いいじゃん」

嫌がる彼女を強引に説き伏せ、風呂の中へ。待ち受けていたのは、50代の上品な白髪男と20代の若い女だ。一目でマトモな関係じゃないことがわかる。

「どうも失礼しま〜す」

「いやいや、こっちも変な風に誘っちゃって申し訳ないね。僕ら、知らないカップルさんとの混浴が大好きなもんで」

言いながらナオミの体を遠慮なく視姦する白髪オヤジ。やはりその手のマニアだったようで、ナオミも顔を赤らめてうつむいている。これぞ俺が当初から、求めていた雰囲気だ。

ところがこのオヤジ、視姦だけで満足するタイプではなかったらしい。その後、どうでもいい世間話を挟みながら、やんわりと怪しげな提案をしてくるのだ。

「どうかな。せっかく知り合ったんだし、僕らの部屋でもっと楽しまない？」

「というと…？」

「まあ、いきなり相手交換をするのに抵抗があるなら、見せ合いから始めてもいいし。どうですかね」

完全にスワッピング狙いじゃん。うーん、さすがにそこまでは付き合いきれないぞ。

「すいません。自分らあまりそういうプレイには慣れてないもので。そろそろ失礼しますよ」

「そっか。残念だけどしょうがないね」

オッサンは愛想よく笑った。

こんな偶然が2度も起こり得るだろうか？

ここで話が終われば、たまたま妙なスワッピングマニアと出会っただけに過ぎないが、実はこの夏、俺の身の回りでまたも不思議な出来事が起きている。

今年7月、ふたたびナオミとF旅館へ出かけたところ、前回とまったく同じ流れで特殊なカップルに遭遇してしまったのだ。

木札が「空き」になっている貸切風呂に見知らぬ男女が入浴していて、うっかり足を踏み入れた俺たちに、「よければ一緒に混浴しませんか？」と誘ってきたのだ。ばかりか、その後にスワッピングを提案してくるところまで同じなのだから驚くほかない。こんな偶然が2度も立て続けに起こり得るだろうか？

考えられることはひとつ。スワッピング愛好家のパートナー探しの場として、この宿が利用され始めたのではないかということだ。

そもそも露出マニアの間で名の知られていた宿のこと、その当時からスワッピング好きなカップルたちも出入りしていたと考えるのはおかしなことではないし、混浴が廃止となった今、今度は木札を使った新しい手法で、彼らがパートナーを物色しているとしてもまったく不思議な話じゃない。

「裏モノJAPAN」読者投稿傑作選

女装だらけのピンク映画館には飽きた！ホンモノの変態女を見たけりゃ池袋シネロマンがよろしいようで

伊藤啓太／匿住所 28歳 会社員

全国どこのピンク映画館も変態が集まる場所になっているようだが、いずれも女装子がハバを利かせているのが現状だ。

東京で最も有名な上野オークラ劇場にいる連中も、一見、女に見えてもその正体は女装だらけだ。あんなやつらの痴態を見ても興奮できるわけがない。

が、池袋のシネロマンという劇場だけは、本物の素人女がたびたびやってくるという。

これは見に行かねば。

「裏モノJAPAN」2017年11月号掲載

様々な場所をまさぐられている

池袋北口の線路沿いを1分ほど歩いたところにシネロマンはあった。すぐ横の道を女子高生が歩いているくらい普通の通りだ。現在、時刻は夜の7時。変態オンナがやってくるにはいい時間だ。

昭和の雰囲気が漂う館内に入るや、座席に座っている客がいっせいにこっちを見てきた。ひとまず何かあったら逃げられるよう、出口に一番近い席に座る。

暗がりに目が慣れたころ、客の男たちが座席の中央付近に固まって何かを囲んでいることに気づいた。集団の中の1人がボソボソ言って周りがうなずいている。

席を立ち、連中に近づいてみる。中心部で何かモゾモゾやられているのは、もしかして女か？　マスクをしていてよく顔は見えないが、女装のセンが濃厚だな。

「はぁっはぁっはぁ、あぁぁん」

さあ、女はいるのか…

アエギ声が聞こえた。これは間違いなく女の声だ！　年齢は50歳前後ってところか。ホンモノの女ってだけで興奮してくる。

どうやら隣にいる男がツレのようで、そいつがせっせと手マンしている。

「あっ！　あーん！」

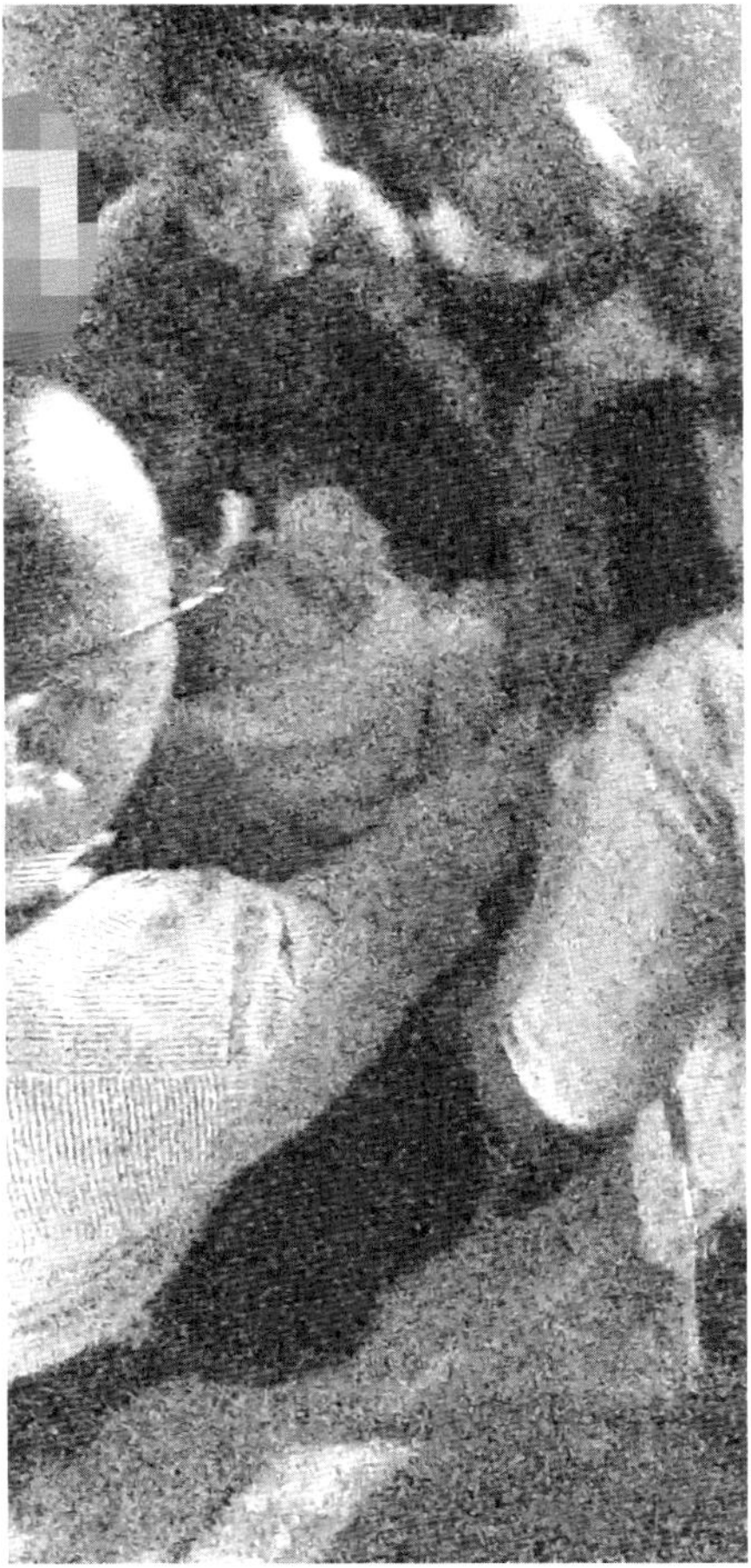

盛り上がるギャラリーたち

声は一段と大きくなる。大勢の男に囲まれながらクチュクチュされるのがよっぽど快感のようだ。

ギャラリーの男もおっぱいを揉み始めた。

「ふうぁあぁあぁん」

釣られるようにいろんな方向から手が伸びてきた。右のおっぱい、左のおっぱい、太もも周辺など、様々な場所をまさぐられている。

ツレの男から手マンの許可が

せっかく来たんだから俺も触ろう。グイグイ前に出て、おっぱいをモミモミ。歳のわりには張りがあってなかなかの美乳だ。

さらにプレイはエスカレートしていく。ツレの男から手マンの許可が下りたのだ。

ぴちゃぴちゃとイヤラシイ音が聞こえてきた。手マンをしている男は、親の仇のように必死に手を動かしている。

「あっ、あー、あっ！」

アエギ声はマックスに達し、映画の音声よりも大きくなっている。てか、映画なんか観てるヤツはどこにもいないし。

女の体が徐々にそり始めた。呼吸のスピードが速まり、座った状態で腰を突き上げている。ここでギャラリーの1人が「いっちゃえ、いっちゃえよ」と言い出し、場内はヒートアップ！

「うぅぅぅ、いくっいくっいくぅぅ、あぁぁ」

女は激しく全身を震わせながらイッてしまった。

☺

女が1人で席を立ってロビーの自販機に向かった。明るいところで顔を見てみようと、後を追いかける。

ふむ、手マンされてたんだから当たり前だけど、やっぱりどう見ても女だな。普通のオバチャンとしか言いようのない目元だ。

池袋シネロマン、なかなかの穴場かもしれない。次は若い女に遭遇したいものだ。

古めかしいオバチャンだった

野村竜二／22歳 裏モノJAPAN編集部員

ダッチワイフを使ってくれませんか？ 公衆トイレで見つけた謎のチラシにアクセスしてみると…

6月、編集部に読者のピース稲葉さんという方から一通の封書が届いた。

中には『神田郵便局隣、ガード下の公衆トイレで採取しました』という手紙と共にスマホ大のチラシが（左写真）。

いったいこのチラシは何だろう。新品のダッチワイフ使ってくれませんか？ 意味がわからない。写真にはダッチワイフを抱く男の姿が写っているが全体が黒塗りされている。この黒塗り氏がトイレに置いたのだろうか。

あまりに気味が悪いが、せっかくの情報なので、とりあえずこの番号に電話してみよう。

出てきたのはチャラい男

プルルル、ガチャ。

出た。番号は本物のようだ。

「はい、どちら様ですか？」

若い男だ。おっさんが出るかと思っていたが、30代くらいか。

「あの、チラシを見て連絡したんですが」

「チラシ？」

「はい、ダッチワイフを使ってくれませんかという」

「ああ、どこで拾いました？」

どこで？　何カ所もバラまいているのか？

新品のダッチワイフ使ってくれませんか？
場所やオカズはあります
無料です。
070
TELでもメッセでも(^。^)

「神田の公衆便所です」

「そうですか。いつごろ、お時間ありますか？」

さっそくダッチワイフを使ってくれというのか。ま、いいだろう。

「今日の夜なら空いてます」

「じゃあ、白金高輪駅に着いたら連絡ください。それじゃ」

電話は切れた。

話した印象は普通の青年だが、そんな奴がこんなチラシをまいていることがむしろ怖い。しかも、場所は白金高輪、金持ちが住む街だ。電話をかける前よりさらにナゾが深まった。

19時ごろ、白金高輪駅に到着し電話した。

「いま、駅に着きました」

「すみません、部屋が片付いてないので、直接来てもらえますか？　住所は港区白金○―○○―○○です」

ダッチワイフを抱いてもらうために自宅に招くなんて、いったい何が目的なんだ。

指定された住所には駅から10分でついた。閑静な住宅街にあるアパートだ。金持ちの住むようなところではない。

指定された部屋の呼び鈴を鳴らす。

「はい？」

「チラシを見て電話した者です」

「いま開けます」

どんな男が出てくるんだ。緊張と不安が募る。

ガチャ。

「はじめましてー」

チャラい男が出てきた。日焼けしていて、茶髪でオールバック。職業はホストと言われてもおかしくないような雰囲気だ。

「どうぞ、入ってください」

「はい。お邪魔します」

キッチンを通って奥に進むと、部屋の中は真っ暗で、5本ほどのキャンドルが灯されていた。怪しさ全開だ。

さらに、テーブルの上には20個ちかくのオナホが。

「適当に座ってください」

「はい」

不気味すぎる……。

寝取られ願望をダッチで代用

「君に犯して欲しいのはこの娘なんだ」

そう言って男は、ベッドの掛け布団をめくった。そこには、頭も足もない、ただ胴体だけのダッチが転がっていた。確かチラシの写真もこんなだっけな。

「この娘の名前はケイコっていいます」

「え？」

「ちなみに、ケイコっていうのは、いま付き合っている彼女の名前なんだ」

「どういうことですか？」

詳しく聞いてみると、どうやらこの男、寝取られ願望があるようなのだが、現実の彼女を他人に抱かせるのは気分が良くないので、ダッチワイフで代用しようと考えたのだそうだ。

なんでダッチで代用できるのかワケがわからんが、ま、そういうことなんだろう。

「さっそく始めましょうか」

と言いながら、男が服を脱ぎ始めた。

「え？　脱ぐんですか？」

「うん、君がケイコを犯しているのを見て、シコろうと思って」

男のチンコはパンツの上からでもわかるくらいビンビンに勃起してる。

「え、でも、ずっと見られると勃たないですよ」

「大丈夫。時間はたっぷりあるから」

それはあんたの時間だろ。こっちはそんなに付き合ってられないんだけど。

とにかく勃ってないとダッチワイフに挿入できないので、とりあえず、自分の手でシコることに。

男は床に座って俺を見ながらオナホでシゴいている。

「ねえ、君がケイコに出した後で、クンニしてもいいかな」

どうぞ、勝手にしてくれ。

だんだん硬くなってきたので、ようやくダッチワイフに挿入だ。その姿を見ながら男もシゴくスピードを上げ、小声で「ケイコ、ケイコ」と言っている。

中折れしそうなのを必死に我慢してなんとか射精した。男はダッチワイフから流れる俺の精子をジュルジュルと音を立てながら舐めている。オエ――！

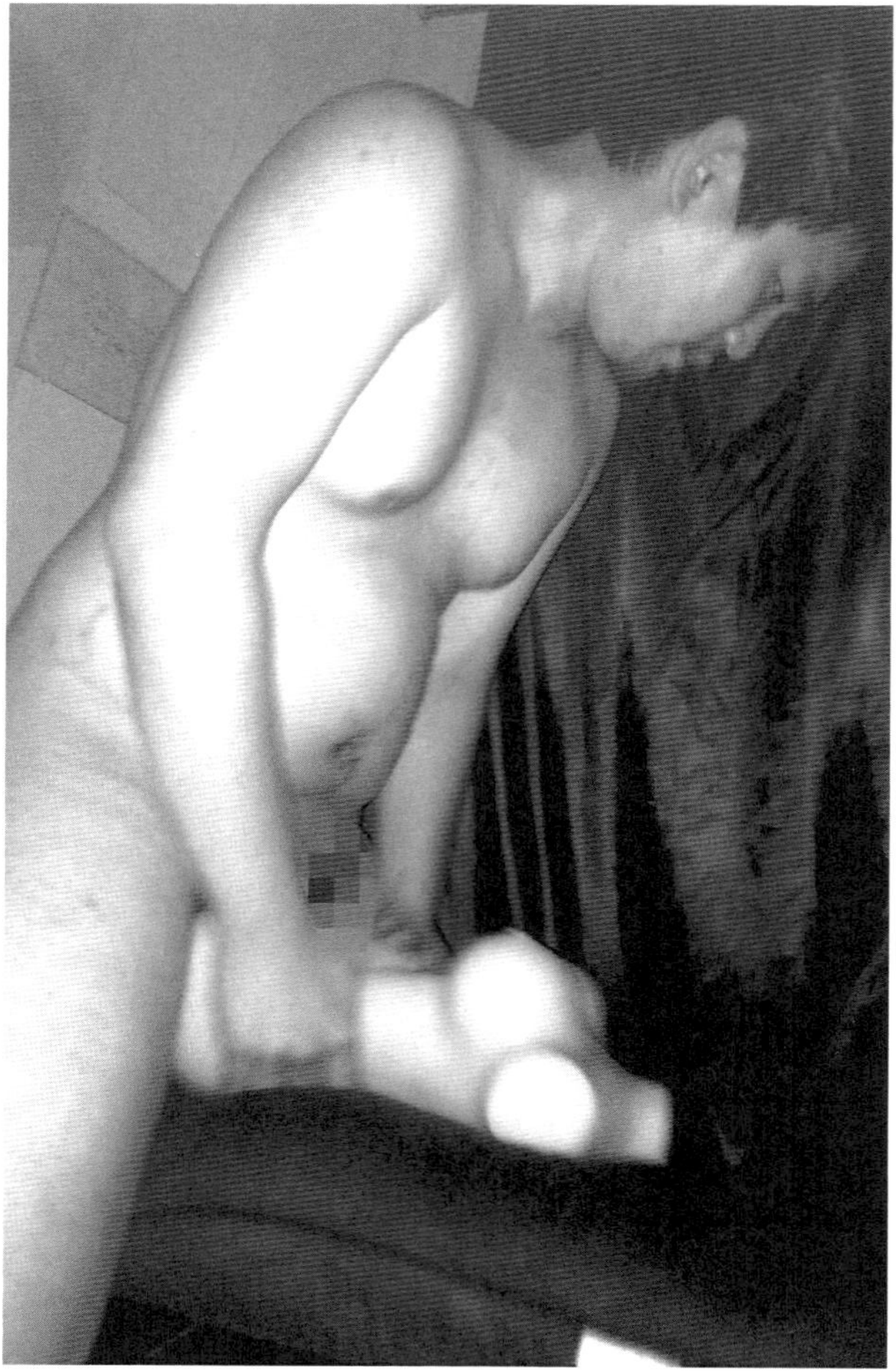

素早く服を着て、帰る準備だ。

「シャワーでも浴びてゆっくりしていきなよ」と男。

「いや、結構です」

逃げるように駅まで向かいながらようやく悟った。あいつはホモだ。寝取られどうのこうのはウソで、男のオナニーと精子が大好物なヘビーなホモに違いない！

読者のピース稲葉さん、報告終わります。

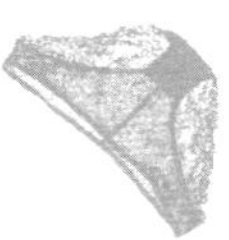

河合康祐／匿住所 32歳 会社員

「汚い人じゃないと興奮しないんだもん」足立区・東綾瀬公園に現れる吉木りさ似のフェラ好き痴女！

「あの子はコッチが好きなんだよ」

妙なウワサを聞いた。オレの地元、東京足立区の綾瀬にある公園の話だ。

「裏モノJAPAN」2017年4月号掲載

「東綾瀬公園の『水車』の近くに痴女が出るんだって。めっちゃ可愛いらしいよ」

飲み会でチラっと出たこんな話に、強烈な興味を持った。オレの家からチャリで数分じゃん！

以来、オレは仕事帰りに公園に立ち寄っては、水車の付近をウロウロする日々を過ごした。

夜の公園は、寝転ぶホームレス数人の他は、ときどき水車脇のトイレに立ち寄るカップルが現れるぐらい。ウロウロしてるのなんてオレだけだ。うーん。

そこのベンチに座ってるホームレスのおじさんにでも聞いてみるか。

「あの、この公園に変態女性が現れるって話、ご存じですか？」

ホームレス氏はすぐに顔をニヤケさせた。

「ああ、昨日来てたぞ。あの子はコッチが好きなんだよ」

そう言いながら指でワッカを作り、口元で上下に動かしている。それってフェラ？

フェラ好きの子なの？

おじさんによれば、その子は20代前半ぐらい、ショートカットでなかなかの巨乳なんだとか。

別のホームレスにも聞いてみたら、その人は「オレはやってもらったことねーけど、ありゃ相当美人だな」とのこと。俄然やる気がみなぎる。

吉木りさ似のべっぴんさんだ

そんなこんなで公園パトロールの頻度を増やしていたところ、2月の頭に、ついにそれらしき女の子を発見した。

ホームレス男性と並んで、スラっとしたミニワンピ姿の女性が歩いているのだ。すぐにもう1人、リーマン風の男性も一行に加わった。あのミスマッチ感、絶対にそうだろ！

後をつけると、3人は水車から離れてベンチに腰かけた。なにやら笑顔で話をしているが、肝心の女はマスクをしていてお顔が見えない。雰囲気はすごく可愛らしいのに…。

近づくのを躊躇していたところ、いきなり「ああん」と声が聞こえた。ミニワンピちゃんのスカートから覗く太ももをホームレスがスリスリしているではないか。しかもオッサンはミニスカの股間に顔を近づけて、パンティを覗いている。くー、オレも楽しみたいぞ！

「あの、楽しそうなので僕も参加してもいいですか？」

「いいよいいよ、ほら、この子スケベだろ〜」

そう答えたホームレスがパンティを覗きながら女の子の胸をちょんと触る。

「あっ、恥ずかしいよぉ」

可愛いお声！　しかもマスク越しながらも、目元はグラドルの吉木りさ似のべっぴんさんだ。

いったい何が始まるのかと期待していたものの、ホームレスが執拗に股間に手を伸ばし、吉木ちゃんが「恥ずかしいからダメ」とそれをやんわり払い、オレとリーマンがその光景を眺めるという、変な時間が続いた。フェラは？　フェラはしないわけ？

と、吉木ちゃんが立ちあがった。

「そろそろ帰らなきゃ」

時刻は夜の9時。マジかよ。

スタスタと去って行く吉木ちゃん。せめて次に来る日ぐらい教えてくれないかと、その後を追った。

「あの、次っていつ来るの？」

「えー、わかんない。でもお兄さんとはエッチなことしないよ」

「えー、なんでよ」

「だって私、汚い人じゃないと興奮しないんだもん」

ニコっと笑う吉木ちゃん。なにそれ、ホームレスにしか興奮しないだなんて、すげーマニアックな性癖じゃん。

「じゃあ、風呂入らないで来るよ」

「んふふ。ていうかあたし女装子だよ？」

じょそこ？　…え、女装？

マスクを取った吉木ちゃんは、たしかに男っぽい顔立ちではあるものの、可愛らしい女の子の顔にも見える。マジで、アナタ男なわけ？

「チンコ触る？　ほらね？」

うわ、マジでついてるわ。

なんでも彼女（いやカレ）、週末の夜にたまに女装をして、この公園に遊びに来てるのだとか。今日もあのホームレスとトイレ個室に入って、フェラヌキをしていたらしい。

…なんとも複雑な感情だ。ホームレスたちはコイツが女だと信じ切っていたし、見た目は女性として充分イケるし。どういうわけか、フェラしてもらいたがってるオレもいるような、いないような…。

「他の人たちには、絶対にヒミツにしてね」

「今までバレたことないの？」

ほら、可愛い雰囲気あるでしょ?

胸にはヌーブラとパットを詰めているので自然な感触なのだとか。うーん、うーん…。

「ないよぉ。だってチンコは触らせないから」

㊉

彼女、実は結婚もしているそうで、奥さんのパート仕事が遅くなる金曜か土曜の夜8時以降に、不定期ながら公園にやってくるとのこと。

実際に彼女を見てもらえれば、オレのこのなんとも言えない感情を理解してもらえると思う。

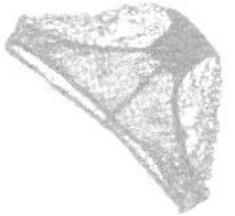

歌舞伎町の超有名ヘルスで10年間ランキング首位を誇るM嬢のテクニックとは！

竹内翔太／匿住所 32歳 会社員

新宿・歌舞伎町に超有名な店舗型ヘルスがある。ここのネット掲示板を見ていて驚いた。なんでも10年以上にわたりランキングの首位を独占し続けている伝説の「M」なる嬢が在籍しているというのだ。

風俗好きならば誰でも耳にしたことがあるこの人気店で、首位を取り続けるのは並大抵のことではないはずだ。

「裏モノJAPAN」2018年6月号掲載

どんな嬢なのか。すごく気になる。10年選手ならばルックスには期待できないが、抜群のテクニックを会得しているはずだ。

シャワールームでチンコをパクリ

予約した15時に店舗へ。料金を支払って待機所で待つ。壁には嬢のランキング表が貼り出されており、たしかにM嬢が1位である。プロフの年齢は30代。他の嬢は20代前半が多い中で1人だけ浮いている。これはテクへの期待が膨らむぞ。

数分でボーイに呼ばれた。とうとうご対面である。

現れたのは、40歳前後に見えるポチャ嬢だ。美人ではないが、愛嬌のある顔をしている。

「今日は暑いわね～。よろしくね～」

笑顔で対応してくれる彼女。友達のお母さんみたいな雰囲気だ。

手をつないで地下の部屋へ行くのだが、この間も常に会話を続けてくれる。「どこから来たの？」とか「今日の仕事は休み？」など他愛もない内容だが、常に目をみて会話してくれる接客には好感が持てる。まさにプロだ。

入室したらすぐにシャワータイム。無駄な時間を取らせないスムーズな動きだ。

「それじゃ、洋服を脱いでくださ〜い」

せっせと服を脱いでシャワールームへ。身体を洗われるのだが、これが気持ちいい。乳首をコリコリと愛撫されたり、体全体を使ってこすってくれたり、まるでソープの洗体である。

突然、彼女がチンコをパクリとくわえた。ヘルスの狭いシャワールームでフェラされたのは初めての経験だ。

ネットリしたフェラはかなり上手だ。チンコがギンギンに勃起したところでシャワーは終了。なかなか焦らしてくれるじゃないの。

「それじゃ、ベッドにうつ伏せになってください」

まさかのうつ伏せからのプレイ開始である。背中から首筋を舐めまわすM嬢。まるでナメクジのように舌を這わせてくる。ゾクゾクとして気持ちがいい。

しかし、うつ伏せなので勃起したチンコがイタイ。それを察したM嬢が言った。

「こんどは四つん這いになってください」

客のリアクションを逐一観察しているようで助かる。

後ろからケツの穴を舐めるプレイに変更。特にアリの門渡りを入念に攻めてくる。もちろん手にはチンコが握られており、舐める速度と同じタイミングでシコシコと手コキをしている。うーむ。絶品である。

今度は握っていたチンコをグググと後ろに向けてフェラを開始した。なんとあの尻尾フェラだ。AVでしか見たことがなかったのだが、思いのほか気持ちいい。

お口でコンドームを装着して本番

お次は仰向けになってのパイズリだ。人肌に温めたローションをつかって下乳で亀頭を刺激する。

この速度がまさに絶妙。チンコがビクッとしたら遅く、元気がなくなったら早くと、チンコの反応を見ながら調節してくれるのだ。

「じゃあ、そろそろ」

ウフッと笑った彼女が、コンドームを取り出した。やはり本番があるようだ。

ギンギンのチンコに口でスルスルとコンドームを装着。騎乗位でズズズと中に入れていく。腰を動かす最中も乳首いじりを忘れないM嬢。さすがである。

「正常位のほうがいいかしら？」

本番の最中も客に対する気遣いを忘れないのは素晴らしい。

本番では射精せずに、最後は亀頭を咥えながらの高速手コキで口内発射となった。

射精が終わった後も、ジュブジュブと最後の一滴まで精子を絞りあげてくる。

「ふー、お疲れ様でしたー」

あまりの気持ちよさに放心状態だ。

さすがは伝説のランカー嬢、リピートは確実だ。

東京・新大久保にたたずむ露出カップル御用達ラブホ。その名は『ホテルかじか』

東条重昭／東京都 32歳 会社員

週末、東京の新大久保へ出かけた。
歌舞伎町の隣に位置するこの町は、格安デリヘルが多く、ときどき足を運んでいるのだが、この日はなじみのホテルが2つとも満室だったため、仕方なく初めてのラブホへしけ込むことに。看板には「ホテルかじか」とある。

「裏モノJAPAN」2018年2月号掲載

廊下で裸の男女が立ちバック

名前のとおり、何とも古めかしいホテルだった。入口を過ぎると、昔ながらの旅館の玄関が現れ、ここで靴を脱いで、受付にあずけてから中に入る仕組みなのだ。

受付のおっちゃんに休憩だと伝えると、愛想のいい声が返ってきた。

「はいはい、401号室に入ってください。これ鍵ね」

「はいどうもー」

と言ったはいいものの、このホテル、エレベータがないらしい。急な階段をえっちらおっちら上がりつつ2階へ。さらに3階へ到達したとき、不思議な光景が目に飛び込んできた。

廊下に1組のカップルがいたのだが、2人とも素っ裸なのだ。さらに女は仁王立ちの男にひざまずいてフェラをしている。何だこいつら…。

その場で呆然と立ち尽くしていたところ、俺に気づいた男が声をかけてきた。

「単独さん？」

「え、何すか？」

「あれ、もしかして普通にこのホテルに来たお客さん？　見学希望じゃなく？」

「あ、違いますけど…」

「こりゃ失礼しました」

そう言うと男はプレイに戻り、フェラに没頭しだした。俺の存在などないかのように。

居たたまれずそそくさと階段を上がったところ、またもや異変が。４階の廊下でも同じようにカップルがプレイしているではないか。しかもこっちは立ちバックでハメてる最中だし！　いったい何なんだこのホテルは…。

「見学したいならむしろ歓迎です」

「あのう、このホテルってもしや、露出プレイができるとこなんですか？」

勇気を出してカップルに聞いてみる。あっけらかんと男は答えた。

「んーと、露出プレイだけじゃないです」

「というと？」

「カップル同士で話が合えば相互鑑賞とかスワッピングとか、要は何でもアリなんですよ、ここって」

男が言うにはこのホテル、普通のラブホのように各部屋のドアに客の出入りを感知するセンサーがついていないらしい。そのため、客が廊下に出たり、他の部屋に入っても受付にバレないことから、次第にアブノーマルなカップルが集まるようになったんだとか。

「特に3階と4階はほとんど無法地帯ですよ。2階は受付の真上だからさすがにムチャする人は少ないですけど」

なんてこった。まさか新大久保に、こんなスゴイ場所があったとは。

思わず尋ねた。

「あの、このままお2人のプレイを見学しててもいいでしょうか？」

「むしろ歓迎ですよ。せっかく来たのにギャラリーがいなくて退屈してたんです」

こうして期せずして他人のセックスを間近に鑑賞することになったのだが、それだけでは終わらなかった。途中、彼氏さんの計らいで俺まで彼女にフェラしてもらうことになり、盛大に射精したのだ。ふい〜、もうデリヘル呼ぶ必要はなくなったな。

それから現在に至るまで、このホテルにはたびたび足を運んでいる。

ここに来るカップルは総じて他カップルとの交流を目的としているため、こちらが単独の場合は、輪に入れてもらえないこともままあるが、それでも廊下や室内でセックスを見ながらシコったり、寝取られ願望男のセフレを抱かせてもらったりと、オイシイ出来事もたくさん経験している。単独でも行く価値は大いにアリだ。

なお、ネット掲示板の「ピンクちゃんねる」には「ホテルかじか」の板があり、そこでカップルたちが出現予告をしている。現地へ向かう前にチェックしておけば何かと便利だろう。

第3章 エロ知恵

「裏モノJAPAN」読者投稿傑作選 本当にエロい実話50

練習台になって あげるだけで金のない ネイリスト見習いちゃんと カラオケでプチエンコーできちゃいます

坂田光太郎／福岡県 32歳 会社員

２０１５年7月、ミクシーで地元福岡のコミュニティを眺めていると、こんなスレッドが立っていた。

〈ネイルの練習台募集〉

ネイリスト見習いと思しき女性たちが、タイトルどおり練習台を探しているらしい。

カットモデルみたいなもんか。

「裏モノJAPAN」2015年11月号掲載

なぜオレがこんなスレッドに注目したかと言えば、ちょこちょことこんな文言が入っていたからだ。

『男性の方も大歓迎です！』

よくわからないけど男でも女でも、爪ならなんでもいいってことなのかもな。

ふと一人の女性に目が留まった。ミクシーのプロフによれば25歳で、写真も載っている。ギャル風のカワイコちゃんだ。

いいじゃん。ネイルなんてまったく興味ないけど、この子と会ってお話できるなら、やってみようか？　さっそくメールを送ったらすぐに返事がかえってきて、サクサク日程が決まった。

アレを誘ってるようにしか見えないぞ

週末、待ち合わせの駅前にあの写真どおりのギャル風がやってきた。ネイルはカラオケボックスでやるそうで、歩いて向かう。

手に持つデッカイ箱にはネイル道具が入ってるのだろう。にしても重ね着したタンクトップから谷間ガッツリ見えてるんですけど、なかなかいいじゃない。

カラオケ個室に入って彼女が道具を広げ、筆とかヤスリとかラメとかが机に並ぶ。

彼女が、オレの腕をとりながら前のめりになる。やはり谷間が丸見えだ。

「そういえば男性もオッケーって書いてたじゃない？　そういう人って多いの？」

「そうですねー。最近はけっこう男性でもネイルされる方多いので、やっぱりワタシも練習しておきたいなぁと思って」

「へえ。ネイリストになって長いの？」

「ぜんぜんですよー。まだまだヒヨッコです」

なんと、ネイリストを志してまだ半年しか経ってないそうだ。へえ。

さらに話を聞けば、ネイルだけじゃ食っていけてないらしく、別の仕事もしているらしい。

「友達のお店でホステスみたいなのもしてる

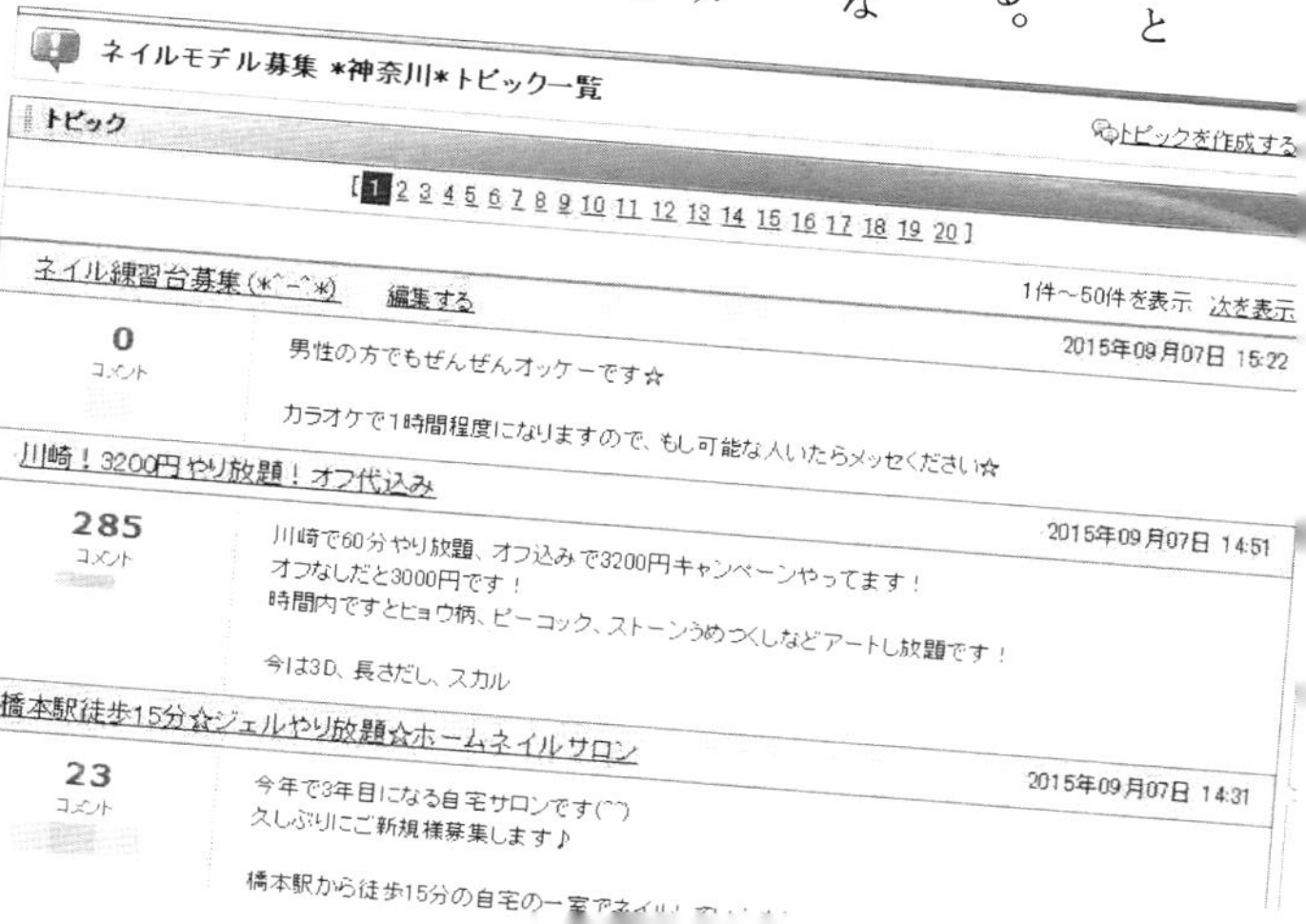
ネイルモデル募集 *神奈川* トピック一覧

トピック　トピックを作成する

[1 2 3 4 5 6 7 8 9 10 11 12 13 14 15 16 17 18 19 20]

ネイル練習台募集(*^-^*)　編集する　1件〜50件を表示　次を表示

0 コメント　2015年09月07日 15:22
男性の方でもぜんぜんオッケーです☆
カラオケで1時間程度になりますので、もし可能な人いたらメッセください☆

川崎！3200円やり放題！オフ代込み

285 コメント　2015年09月07日 14:51
川崎で60分やり放題、オフ込みで3200円キャンペーンやってます！

オフなしだと3000円です！

時間内ですとヒョウ柄、ピーコック、ストーンうめつくしなどアートし放題です！

今は3D、長さだし、スカル

橋本駅徒歩15分☆ジェルやり放題☆ホームネイルサロン

23 コメント　2015年09月07日 14:31
今年で3年目になる自宅サロンです(^^)
久しぶりにご新規様募集します♪
橋本駅から徒歩15分の自宅の一室で

んですよね。ぜんぜんお金ないから、仕方なくですけど」

そう言ってプリプリの胸を両腕で寄せる彼女。お金ないんだー。オレにはアレを誘ってるようにしか見えないぞ。

右手の爪が白っぽい色に塗られたところで、意をけっして提案してみた。

「あの、もしイヤじゃなかったらでいいんだけど…」

「なんですか？」

「お小遣いあげるし、ちょっとエッチなことできないかな」

「あ、いいですよー」

即答かよ！　ずいぶん軽いなぁ。

とにかくOKみたいなので、フェラ6千円でお願いすることに。彼女がオレの隣に腰かけてズボンを脱がせてきた。ネイル道具の中にあったウェットティッシュでチンコを拭き、パクリ。ねっとりした唾液多めのフェラはなかなか良い。調子に乗って胸も触っちゃえ。おらおら。

すぐに発射を迎え、後処理をしてから左手のネイルを再開。

「じゃあこれで終わりです。色々ありがとうございましたー」

こちらこそ、満足しました！

「手だけなら大丈夫なんですけど…」

この出来事に気をよくしたオレは、その後もちょこちょことネイル練習台の掲示板に目を通すようになった。

ミクシーで「ネイル　練習台」と検索する以外にも「ネイルモデル　男性」などとネット検索すればそれ用の掲示板が出てくる。色々探して次にメールを送ったのは、これまたギャル風の24歳ちょいぽちゃ子だ。

やはりカラオケでネイルをするとのことで、待ち合わせ場所から歩きだす。

「ネイルの仕事長いの？」

「1年弱ですね。でもちゃんとしたお客さんはまだまだ少なくて、だいたいお友達とかにお願いされてやってる感じです」

ネイルスタジオなどには所属せず、フリーの立場でやってるそうな。ってことはやっぱりカネには困ってるよな。

カラオケに入ってネイルがはじまったところで軽くお願いしてみた。

「○○ちゃん可愛いからさ、もし良かったらお小遣いありでエロいことしてもらえない？」

なんとなくすんなりオッケーが出るもんだと思ってたのだが、彼女の表情が一気に曇った。

「うーん」

重苦しい雰囲気のままネイルが進む。だが、終盤で彼女から逆に提案が。

「ワタシ手だけなら大丈夫なんですけど…」

「え？　サポ？」

「はい、前に病気うつされたことあって…」

驚くなかれ、以前にこのネイル練習台で会った男とワリキリ（本番）をした際に、そいつから性病をうつされたというのだ。

ていうか割り切りやってるじゃん！

☺

彼女には手コキ3千円でお願いして発射させてもらった。聞けばネイリストという連中はなかなか稼げないため、エンコー、風俗も掛け持ちしてる連中が非常に多いそうだ。

ただ、エンコーだけを目的に行ったとしても彼女らはいい顔をしない。真面目にネイル練習台を探してるので、そこだけは付き合ってあげましょう。

本物シロート 最後の砦。ツイッター援交の手順を一から教えましょう

本当にエロい実話50

「裏モノJAPAN」読者投稿傑作選

丸川 雄／東京都 37歳 会社員

援交の良さは素人女性とエロいことができる、という一点に尽きるが、今や、出会い系サイトの援交女はどいつもこいつもセミプロ売春婦だらけだ。

しかし、本当の素人がいる聖域はまだ残っている。それがツイッター援交だ。

ツイッター援交歴2年の俺が、詳しいやり方を一から解説していこう。

「裏モノJAPAN」2016年5月号掲載

ツイッターをやってる人感を出す

すでにツイッターのアカウントを持っているものとして話を始める。

まず、10ミニッツメール（http://10minutemail.com）などのサイトで捨てアドを取得して、サブアカウント（サブ垢）を作る。メインのアカウントでエンコーすると、タイムラインに関連のツイートが書き込まれて知り合いにバレるからだ。

次にプロフィールの作成だが、基本的に援交希望の女の子たちは、ちゃんとお金を払ってくれて、安全で清潔そうな男なら誰でもいいので、凝った写真や文面にする必要はない。

プロフ写真は、俺の場合、ネットで見つけた自分より少し若めの男の顔から下の写真を使っている。スーツ男性の顔から下の写真なども無難でおすすめだ。

プロフィールの文言はこんな感じ。

『エロ大好きです！　プチエロもアリ！　お金はそこそこ持ってるサラリーマンです。援助します』

エロ目的で利用していて、変態や危険な男じゃないとわかればＯＫだ。

あとは2～3日の間、誰でもいいので適当な人に「お疲れー」とか「それおもしろいね」など、どうでもいいリプライをして、タイムラインに残しておく。これで「ツイッターをやってる人感」を演出でき、危険な匂いが消えるわけだ。

お宝は、常連男がフォローする女

準備は整った。

では相手探しへ進もう。キーワード検索の欄に「裏垢」「サポ」「援」＋「地名」などのキーワードを入れれば、関連ツイートが表示される。

そのすぐ下に「ユーザーをさらに見る」という項目が出るのでクリックすると、プロフィール欄に先ほどのキーワードが書かれたアカウントがずらりと並ぶはずだ。

その中から女の子のアカウントだけ見ていけば、プロフに「援助希望」「サポ希望」「ゴムナシは無理」などのキーワードがストレートに書かれているので、適当な女の子を選んでタイムラインをチェックする。

ここで援交目的の男たちとやりとりをしてない子はスルー。単なる冷やかしだ。

マークすべきは、頻繁に男たちとリプライを繰り返してる子である。が、彼女らにも冷やかしの可能性はあるので、まだロックオンしなくていい。

ここでやるべきは、さらにその子のフォロワーの中から、援交目的の男のアカウントを見つけ出すことだ。そう、真のお宝は、これら「エンコー男がフォローしている女の子」の中に眠っているのだ。

常連買春男がフォローしている女の子とは、すなわち実際に会ってヤレる「生きたアカウント」だと考えられるからだ。

申し出には柔らかさがほしい

さらにその中から会える子を絞っていく。選別基準は以下の5つを参考にしてほしい。

① 1時間以内にツイートしている子
② 他のフォロワーたちに、まめにリプライしている子
③ ツイートにプライベート感のあるつぶやきがある子（業者は援交に関するつぶやきのみ）
④ 援交の条件を写真で載せている子は除外（業者の可能性が高い）
⑤ 会う前にギフトカードで先払いを求めてくる子も除外（寸借詐欺の可能性が高い）

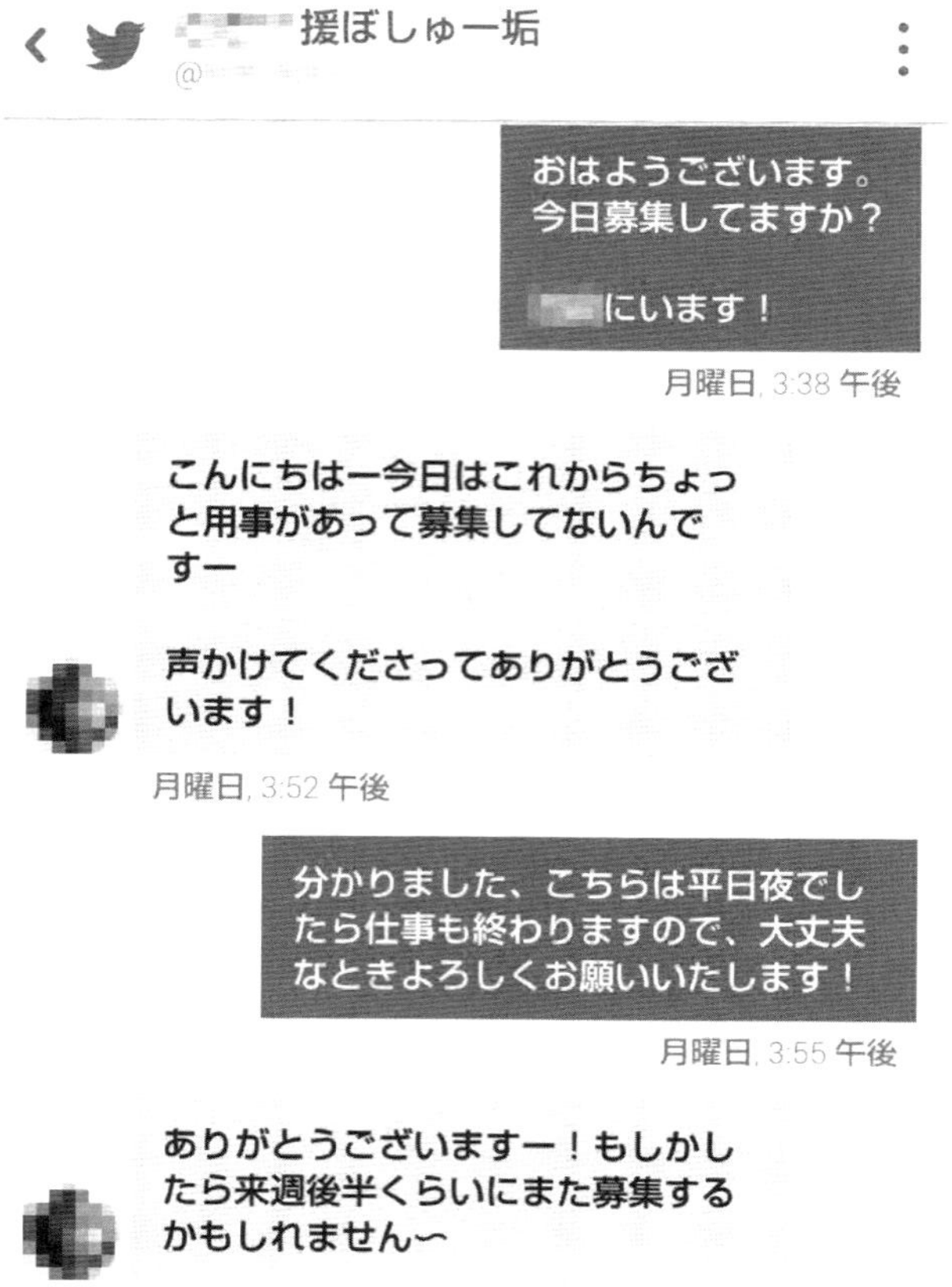
援ぼしゅー垢
@
おはようございます。
今日募集してますか？
にいます！
月曜日, 3:38 午後
こんにちはー今日はこれからちょっと用事があって募集してないんですー
声かけてくださってありがとうございます！
月曜日, 3:52 午後
分かりました、こちらは平日夜でしたら仕事も終わりますので、大丈夫なときよろしくお願いいたします！
月曜日, 3:55 午後
ありがとうございますー！もしかしたら来週後半くらいにまた募集するかもしれません〜

これらの条件に合う子が見つかったら、片っ端からフォローしていき、相手からフォローされるのを待つ。相互フォローが完了したら、ＤＭで援交を申し出ればいい。

ただし「条件教えて」とか「ホ別2でどう？」など殺伐としたメールではなく、「今日は会えそうですか？　よかったらサポするんでどうですか？」程度の柔らかさが欲しい。

また、女の子の中には相互フォローせずともＤＭを送れる設定にしている子もいるの

で、先の5つの基準に当てはまる子がいたら、「よかったら今日援で会いませんか?」と直接メールしてもいいだろう。

ツイッター援交の相場は、一般の出会い系サイトとほぼ同じ、イチゴーから2万。18歳から20歳の可愛い子は2万で、それ以上の年齢ならイチゴーで打診すれば、すんなり会えるはずだ。

ツイッター援交嬢は、プロフ写真に自分の写メを載せてる子がほとんどなので、事前にだいたいの判断はつくが、ときにはブスにあたることもある。でも素人っぽい子が好きな方なら、損した気分にはならないはずだ。

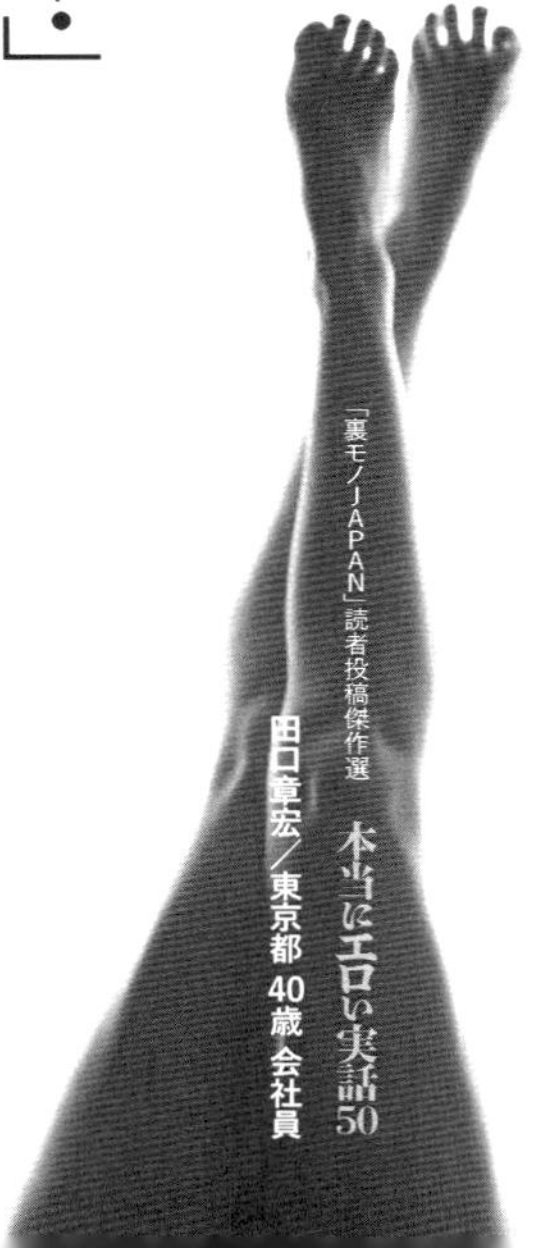

「裏モノJAPAN」読者投稿傑作選
本当にエロい実話50

「やっぱり双頭ディルドーですか？」・〝友情結婚〟したいフリでレズのエロ生活を聞き出す

田口章宏／東京都 40歳 会社員

昔からレズビアンに強い興味を持っている。彼女たちの魅力は、レズ特有のエロさだ。言葉で説明するのは難しいが、女同士で愛し合っている様子を想像すると、妙な興奮を覚えるのだ。

我々男性に性的な興味を一切持たない相手だからこそ燃える、この感覚おわかりいただけるだろうか。

「裏モノJAPAN」2016年4月号掲載

できることならレズとセックスしてみたい、セックスがムリでも、何かエロいことがしてみたい。そんなレズ好きの私が、レズの皆さんたちと実際に対面し、赤裸々なセックス話を聞きだす手法を編み出した。

性的な目的がないので、警戒されない

まず前提として、レズを見つけだし、普通に出会ってエロ話をする、というのは非常に難しい。2丁目のような場所に行ったとしても、彼女たちレズは男には近づいてくれないのだ。

そこで辿り着いたのが、「友情結婚」を希望するレズたちの存在だ。

友情結婚とは何か？

レズやゲイなど同性愛者たちの中には、どうしても結婚しなければならない状況に置かれ、悩んでる人たちが多いという一面がある。

親や周囲の人間からのプレッシャーだったり、家庭が欲しい、老後のパートナーがいないと不安、などの理由から、異性の結婚相手を見つける必要に迫られた連中だ。そんな彼らの間で生まれたのが「友情結婚」なるシステムだ。

ゲイ男性とレズ女性による性的な繋がりの一切ない、友情だけで繋がった結婚のことで、友情結婚の相手を探すための、出逢い掲示板サイトまで存在する。

その中の1つ、『結婚したい同性愛者」出逢いのページ』を覗いてみると、

『29歳　○○在住のビアンです。年齢的な問題もあり親や職場からの圧力がすごく、友情結婚していただける方と知り合いたいと思っております。まずはメールで色々お話ししたいので、気になった方はぜひお声がけください』

『友情結婚希望。割り切りでお願い

友情結婚 投稿者:[illegible] 投稿日:2016年 1月24日(日)07時00分30秒

ビアン 30代 経済的に独立しています。
借金宗教酒タバコギャンブルありません。
入籍とそれにまつわる親との簡単な付き合いだけお願いします。遠方の方も大丈夫です。
私も相手側のご家族などに対して妻として完璧にこなします。
あとはルームシェアでもいいですし、別居別会計でも大丈夫です。
数年後に離婚で構いません。
隠したり嘘をついたりも含めてお互い必要な時に助け合えれば幸いです。よろしくお願いいた

【女性限定】友情結婚について情報交換しませんか？ 投稿者:[illegible] 投稿日:2016年 1月23日(土)15時30

みなさんこんにちは！

友情結婚を考えている方
＊悩みを相談できる人がいない
＊今、している活動が正しいのかわからない
＊同じような考えを持つ同性の友達が欲しい
などなど、そんなお考えをお持ちの方もいらっしゃるのではないでしょうか？

今年の１月９日に初めて友情結婚を考える女性限定でランチ会を開催しました！
私を含め６名の方が集まりそれぞれが友情結婚に対して感じていることを話したり、人の経験を
女性同士ということもありとても充実した時間を持つことができました。

この会を今後月1回程度のペースで定期的に開催しようと考えています。

ということで、第2回のご案内です！
日時 2月20日（土曜日）12時から2時間程度
場所 [illegible]駅近くのカフェ
料金 ご自身の飲食代 ＋500円
※話しやすい環境を作るための個室代を加算させていただいています。

前回出られた方もそうでない方もお気軽にご参加ください！
参加の申し込みはこちらへの返信か
メールは[illegible]

します。気持ちはいりません。子供もほしければ協力しますが、卵子は別で買ってください。興味ある方連絡ください』

などなど、結婚したい同性愛者たちの書き込みで賑わっているのだ。

その中からレズ女のものだけに、片っ端からメールを送っていく。

『僕はゲイです。長く続いているパートナーがいますが、友情結婚の必要に迫られています。よかったら一度お会いしてお話ししてみませんか？』

普通の出会い系と違い、ゲイとレズ同士は互いに性的な目的がないので、警戒されることなく、数回のメールのやり取りですんなり会うことができるのだ。

顔を赤らめながら「ポルチオ開発を…」

いざ、レズビアン女性と対面したら、居酒屋などで酒を飲みながらトーク開始だ。

最初のうちは、仕事や普段の生活などの話題に留め、場が和んできたら、自分のパートナーとの性生活に悩んでいる、という相談話を持ちかける。

「実は最近、カレが毎日長時間の全身リップやイラマチオを求めてきて少し辛いんだよね。〇〇さんはパートナーとの性生活に悩みはある？」

「そうですねー、彼女は私をイジメるのが好きで、男の人に痴漢させようとしたりするんですよ」

「どういうこと？」

「埼京線に乗せられて、男の人に触られてこいって。近くでそれを見てるんですよ。それが興奮するみたいで…」

　こんな特殊なプレイを教えてくれるレズもいれば、「特にエッチの不満はない」というレズもいる。そんな子には、なるべく具体的に質問をしていけばいい。

「僕は女性としたこともあるんだけど、物凄く長い時間クンニさせられたことがあるな。やっぱり女の子って、長い方がいいの？」

「そうねー。まあ時間よりも質だと思うけど。例えば一緒に指とか道具を使ったりとか…」

「道具っていうと、双頭ディルドー？」

「そうですね。2人で同時に使えるヤツとか。ハハハ」

　レズたちはこちらに性的な興味を一切持っていないからか、実にサバサバとした感じで過激なエロ話を語ってくれる。

　あるSのタチレズは、自分の彼女に裸同然のマイクロビキニを着せてビーチを歩かせた、と自慢してきたし、攻められるのが好きなMのレズネコは、顔を赤らめながら「道具を使ってポルチオ開発をされた」と答えてくれた。

何人かのレズと会っていくうちに、男っぽいSのタチより、Mのネコの話の方が興奮するとわかり、メールの段階で『パートナーにSMプレイを強要されて困っている。あなたはMですか？　Sですか？』という質問をして選別するようになった。

中でも興奮したのが、色白で細身の20代後半のMネコの口から出たこのセリフだ。

「彼女が貝合わせが大好きで、いつも長い時間してると脚つりそうになっちゃうんですよね」

貝合わせ、マンコとマンコをこすりあわせるプレイだ。くぅ～おとなしそうな顔して何してんの！

どうだろう。この楽しみ、皆さんに理解いただけるだろうか。

「裏モノJAPAN」読者投稿傑作選 本当にエロい実話50

女性のみなさん、注意しましょう。エロイタ電マニアが最近ハマる相手に切らせにくい攻撃法

篠塚信二／埼玉県 37歳 会社員

皆さん、こんにちは。私はエロイタズラ電話が趣味の、30代会社員です。

電話で女性にヒワイな言葉を浴びせかけ、その反応を聞くのが何よりも楽しい。そんなエロイタ電歴10年の私が、最近個人的にブームな2つの手法をご紹介しましょう。

「裏モノJAPAN」2017年2月号掲載

「あの〜、掲示板を見たのですが…」

まずは、ここ半年ほどで500件以上繰り返しているシンプルな手口から。

休日の昼間、携帯で片っ端から適当な番号に電話をかけまくり、女性の声がしたら、丁寧な口調でこう切り出します。

「あの〜、掲示板を見たのですが…」

「はい？」

いぶかしがられるやいなや、すかさずセクハラ連射砲です。

「いまどんなパンツ穿いてるんですか？　おっぱいはどれぐらいあるんですか？　本当にナマで挿入させてくれるんですか？」

畳みかけるように卑猥な言葉を浴びせかけると、半分がガチャ切り、半分が「なんなんですか!?」と怒って返してきます。そのときの口調が厳しければ厳しいほど、こちらの興奮も高まります。

「いやあ、だって、掲示板に、今すぐエロい話がしたいって書いてありましたよね？」

「…え？　何ですか、掲示板って」

昨今騒がれがちなネット被害が頭をよぎるのか、相手はかなり狼狽して、不安げな声を出します。その声から表情などを推察して、ズリネタに転換します。

最後はフォローが大切です。

「ネットの掲示板ですよ…ああっ！　番号間違えました!!　すみません!!」

こう言っておくことで、女性のほうも「なんだ間違い電話か…」と安心するし、怒りも多少は和らぎ、警戒させることもなく、通報を防ぐことができます。

ごくまれに、怒らずに「エッチなパンツ穿いてるわよ」などと逆に乗ってくるオバサンもいます。これはこれでいいズリネタになりますので、思う存分卑猥な会話を楽しんでしまえばいいと思います。

ちなみにこの方法、何人かのエロイタ電マニアの知人に教えたところ大好評を博しまして、現在みんなで競い合うようにやってます。


「輪姦になってしまいました」「…そうだったのですか」


もう1つ、こちらは個人ではなく企業をターゲットにしたエロイタ電です。

狙いは会社の代表電話や、お客様相談センターなどのオペレーターのお姉さん。ただし初めからガンガンエロ攻撃してしまうと、相手も身構えてしまって、まともな受け答えをしてくれません。冷ややかに「はい。はい」という感じの紋切り型で対応され、終わってしまう。

ならば『聞かせる雰囲気』を作ってしまえばいいのです。商品の購入者を装って窓口に電話をかけ、その商品をべた褒めして感謝の言葉を並べます。

例えば、胸が大きくなるといううたい文句のサプリを扱っている会社に電話したとします。この手の会社の相談センターは、ほぼ全員女性が対応にあたってくれます。

「お電話ありがとうございます。○○お客様相談センターの△△でございます」

「すいません。私、半年前に◇◇（サプリ）を購入した者なんですが」

「はい。商品についてのご質問でしょうか？」

「いえ。このサプリメントを購入して、交際相手の女性に毎日飲ませていたのですが、期待していた以上に効果がありまして。それでお忙しい中大変恐縮ですが、お礼のお電話を差し上げました」

「ああそうだったのですか。それは良かったです」

自社製品の購入者から好意的な言葉をもらえば、誰だって嬉しい。これで相手にこちらの言葉を聞く用意が出来あがるので、徐々にセクハラトークへシフトしていきます。

「私のパートナーは胸がBカップしかなかったのですが、半年でEカップになりました。彼女も大変喜んでいます。本当に素晴らしい商品ですね」

「そんなに効果があったのですか。そのようなお褒めのお言葉をいただきまして誠にありがとうございます」

「いやぁ本当に感謝しております。彼女の胸が大きくなってから良いことが続いております。性格も明るくなったんですよ」

「そうなのですか。それは大変喜ばしいことですね」

「それで、彼女最近『露出プレイがしたい』と言い出しましてね」

「はい？　露出…でございますか？」

「そうなんです。せっかく胸が大きくなったんだから、この胸を色んな人に見てもらいたいと言い出して最近そういうプレイばかりしているんです」

「あぁ…そうなのですか」

「彼女が切望するものですから、僕も出来るだけ応えてあげようと思いまして。先週は混浴温泉に連れていって、たくさん辱しめてやりました」

「……なるほど」

「たくさんの男性客に、オッパイを見られて羞恥に身悶える彼女が愛しくて…そのうち彼女が『みんなにオッパイ揉んでほしい』というものですから、1人1人に声をかけて、オッパイを揉ませてやったのです」

「…そうなのですか」

「いやらしくオッパイを揉まれて、彼女、凄く感じていました。そのうちエスカレートして乳首を舐められてしまい、これには耐えられず、大きな喘ぎ声をあげてしまったんですよ。そして最後は、輪姦になってしまいました」

「…そうだったのですか」

電話を切るに切れない、なんとも言えない微妙な空気が、電話口から伝わってきます。

このように、まず商品の購入者を装って商品をべた褒めし、そのあとエロ話にうまく繋げていけば、けっこうオペレーターの女性も話を聞いてくれるのです。

「お金下ろしてから、後で行くよ」客引きキャバクラ嬢のおっぱいをタダでモミモミする方法教えます

「裏モノJAPAN」読者投稿傑作選　本当にエロい実話50

仙頭正教／裏モノJAPAN編集部員

性欲はある。しかしモテないうえに金もない。全国3千万の成人男子が持つであろう悩みを一発で解決する秘策を、先日、知り合いから聞き出した。素晴らしすぎて教えるのももったいない気がするが、ここに無料で披露しよう。

「裏モノJAPAN」2010年8月号掲載

服の上からぐらいなら、喜んで触らせましょう

オレのキャバクラ仲間にA君という男がいる。仲間といってもわざわざ連絡を取り合って店に出向くような仲じゃなく、飛び込みで入った店でなぜかしょっちゅう顔を合わせる程度の間柄だ。ヤツも貧乏人なので、どうしても似通った店に通ってしまうのだろう。

つい先日、そのA君と歌舞伎町のキャバクラではち合わせ、そのまま2人して2軒目へ突撃しようということに相成った。

しかし店を出たところでヤツが言う。

「ヤベ、俺もう金ないわ」

財布にはわずか3千円。これでは楽しみようがない。奢ってやりたい気持ちは山々だけど、オレも残り1万円切ってるし…。

途方にくれる2人だったが、そこでA君がおかしな提案をしてきた。

「乳もみに行こうぜ」

3千円しか持たずに乳もみなんてできるわけがない。乳ってのは片方もむだけでも5千円は取られるものだ。アホだったのかコイツは。

てくてくと歩くA君。すぐに路上のキャバ嬢に声をかけられる。

「キャバクラどうですかぁ」

「いいねぇ。よし、行こうかな」

「やったー」

調子のいい男だ。3千円しか持ってないくせに。

「あ、でも金ないから下ろしてこなきゃ。後で行くよ」

「はーい」

「んじゃ、おっぱいだけ触らせて」

「きゃー」

そう言うや、いきなり服の上から彼女の乳を軽くひともみするA君。

「お、柔らかいね」

「もぅー」

「じゃ、後で行くね」

颯爽と、実に颯爽とA君は歩き去っていく。女の子も怒るどころか、笑って後ろ姿をお見送りだ。

天才、現る。マジで思った。この不景気、キャバ嬢たちは相当にコタえている。路上

キャバ嬢のオッパイをタダで揉む方法をタダで教えます

で声をかけてもサラリーマンたちはそそくさと逃げてしまうものだ。

そんなところに「後で行く」と約束してくれる男。ムゲにはできない。おっぱいぐらいなら、それも服の上からぐらいなら、喜んで触らせましょうってわけだ。

「さっき触ったぶんのお金ください」

余計にムラムラするんじゃないかとの危惧もあったが、それならそれでトイレに駆け込めばいいだけのこと。翌晩からさっそくオレはA君の真似を開始した。

わざと物欲しそうにうろちょろすると、すぐに声がかかった。

「おにいさ～ん、キャバクラどうですか」

「いいねいいね」

「今なら40分5千円です」

「うん、行くわ」

「ありがとうございまーす」

店に向かって2、3歩進む。この演技は「入る意志」を示すためにも必要だ。

そこでふと立ち止まる。

「あ、いま、ちょっと手持ちがないから、コンビニで下ろしてから行くよ」

「はーい」

「んじゃ、ちょっとおっぱい触らせて」

このタイミングはA君直伝だ。有無を言わさず、やらしくない手つきでモミモミ。うひょ、デカいね。

「キミ、いい胸してんね」

「変態ですねー」

「あはは、そんじゃ後で」

手を振りながらその場を立ち去り、路地を右へ左へ。よし、もう安全。笑っちゃうぐらい簡単だ。

さてと、お次はあの子にしましょうか。

「ガールズバーどうですか？」

「いいねいいね。キミかわいいね。行こうかな」

「ありがとうございまーす」

「あ、しまった。今お金ないや。下ろしてから行くよ」

「あ、そうですか」

「すぐ戻って来るんで」

「はーい」

「じゃ、ちょっとおっぱい触らせ…」

ももうと思った途端に身をかわされた。ガールズバーは手強いのかもしれん。

んじゃ、次はハイジア裏の立ちんぼだ。あそこ、けっこう乳のデカイのもいるんだよな。

「ねえ、キミキミ」

「はい？」

「お小遣いあげるから遊ぼうよ？」

「……」

「2万でどう？」

「はい…」

さらっと肩を抱いてラブホ方面へ。なかなかイイ胸してやがる。

「あ、お金ないんだった！　先に下ろしてくるわ。じゃ、おっぱいだけ触らせて」

軽くモミっとしたところで、きびすを返して姿をくらませようとしたところ、女が後からついてくる。

「ん、どうしたの？」

「お金下ろすんですよね」

「そうだけど…」

しまった。この子ら店で働いてるんじゃないから、いったんはぐれたら再会しにくいんだった。だからついてくるのか。

「ここで待っててくれたら、すぐ戻ってくるからさ」

彼女はジーとこちらを見ている。

「信用できないし」

「大丈夫だって…」

「じゃあ、さっき胸触ったぶんのお金ください」

抜け目ない。さすが自ら体を張って稼ぐセミプロだ。

逃げた。全力で走って逃げた。しばらくあの一帯には近寄れないぞ。

「裏モノJAPAN」読者投稿傑作選　本当にエロい実話50

小島由佳／神奈川県 21歳 学生

『初めての女は信用できないから』亀梨君にチャットで言われて幼馴染みとエッチした私って馬鹿ですか

ジャニーズのアイドルグループ、KAT－TUNのファンで、オリキ（追っかけ）の真似事をしています。オキニはなんと言っても亀梨和也君。可愛らしいルックスに歌唱力、抜群の身体能力とどれをとっても彼は完璧なアイドルです。

亀梨君のことになると、周りが見えなくなってしまう。自分でもわかっているのですが、コントロールが利かないところがジャニーズの怖さです。

「裏モノJAPAN」2010年7月号掲載

もしかしてってこともある

ジャニーズ系ファンサイトの中でも私のお気に入りは「ナリチャ」と呼ばれる携帯サイトです。ファン同士がアイドル本人になりきって2ショットチャットを楽しむサービスで、ジャニーズ系のナリチャはオリキの間でも人気抜群です。

『メンバーの友達だから本アド教えてあげる』、『俺、赤西だよ』など、遊びや冷やかしの書き込みがほとんどですが、中にはアイドル本人の訪問を本気で待つ女の子たちもいます。

こんな場所にアイドル本人が来るはずないけど、もしかしてってこともある。私も冗談半分でチャットルームを作って遊んでました。

『亀梨君のファンです。暇なら遊びに来てください』

しばらく待機していれば、亀梨君を名乗る人物がちょくちょくチャットルームに入ってきます。

『亀梨です。俺のこと好きでいてくれてありがとう。チャットしない？』

少しチャットすればすぐに偽者だとわかります。質問しても自分のことは答えずに、写真をくれだの恋人はいるかだのとこちらのことばかり聞いてくるのはナンパ目当ての証拠ですから。

　ところがある日、どう見ても偽者とは思えない人物が現れたのです。

『どうも。どんなとこが好きなの？』

『え？　だって可愛いし、カッコイイし、歌も踊りもうまいじゃん』

『そっか、じゃ嫌いなとこってどんなとこ？』

『嫌いなとこなんてないよ』

『ねえ、口は堅いほう？』

『え？　どういう意味？』

『冗談だよ。ごめんね。忘れて』

　私の心はざわつき始めていました。このぶっきらぼうな感じ。私には興味を示さないところも他の連中とは全然違う。でもまさかね。でもそのまさかだったらどうしよう。

『和也君なの？』

『そんなこと言えないよ。ごめんね。忘れて』

　どうなのこれ。本当にまさかのまさかなの？

『どうしよう。本物だったらスゴイ嬉しいけど。でも信じられないよ』

『だから忘れていいよ。ちょっと聞いてみただけ』

あの亀梨君が、私とチャットしてる。信じられないけど、もし本物だったらこのチャンス、絶対に逃したくない。

『よかったらメル友になってもらえませんか？　私は自分のメアドを教えることにしました。

『メアド教えてもいいけど、仕事のことは聞かないでくれる？　プライベートのときは仕事のこと忘れたいんだ』

教えられたアドレスは、kazuya×××××。まさか本物？　どうしよ〜！

初めての女の子は信用できない

彼が亀梨君だと完全に信じたわけじゃないけど、兄弟や野球部時代の話など、コアなファンを自認する私でも知らないようなエピソードを教えてくれたり、突然寂しくなって『今どこにいるの？』とメールすれば、『大阪でライブの打ち合わせだよ』と返信をくれることも。偽者がここまでできるわけないよね。

一時期、一般人の女性と噂になったことがあったので、恋人がいるのか尋ねてみたときには、こんな返事が返ってきました。

『大学生の子と付き合ってるって噂になってるけどアレ全部ウソだから。でももうこの話はしないでくれる？　恋人がいるって思われてた方がマスコミが静かになるからさ』

やっぱり本物かも。会いたい。できることなら恋人のような関係になりたい。それが無理なら身体だけの関係でもいい。ごく自然な願望でした。

『和也くん、忙しいのはわかってるけど、一瞬でも会いたいな』

ところが、亀梨君は初めての女の子は信用できないとメールしてきました。以前もファンの女の子と会ったところ、リークされて誤魔化すのが大変だったというのです。

『だから、まずは俺の幼馴染のユウタに会って欲しいんだ。ユウタがキミのこと信用できるって判断したら、会ってあげられる』

ユウタ君は亀梨君の小学生時代からの友達で、一緒にお風呂に入ったりナンパに行くほどの仲なんだって。

『和也から連絡もらったんだけど、わかりますか？』

すぐにユウタ君から携帯に連絡が来て、メールのやり取りがはじまりました。彼に気に入ってもらえないと、亀梨君には会えない。私は必死になって機嫌を取り、1度2人で会う約束を取り付けました。

問題なさそうなら和也に言ってあげる

目の前に現れたユウタ君は、亀梨君の友達にしては顔もブサイクだし、田舎ヤンキー風のスタイルだったけど、それがかえってリアルでした。アイドルなんて、大抵不良っぽい人間と付き合いがあるものだし。

喫茶店に入ると亀梨くんからメールが届きました。

『ユウタと会えた？　あいつ優しいから安心していいよ』

うん、わかった。安心するね。だって和也君の大親友なんだし。

ユウタ君が言います。

「キミ、和也とエッチしたいんでしょ。でもあいつ面倒な女が嫌いだからね」

「そうなんだ…」

「そういうのに興味あるなら1回、俺としてみる？　問題なさそうなら和也にうまく言ってあげるよ」

面倒な女じゃないことを証明できれば亀梨君に抱いてもらえる――。大丈夫、経験はあまりないけど、私うるさい女なんかじゃないから。

俺とエッチすれば亀梨に会わせてやる

こうして私はユウタ君とエッチしたのでした。


ユウタ君と別れた後、急に亀梨君からのメールは途絶えました。

オリキ友だちは言います。

「そいつ、２つ携帯を使って１人２役をこなしてたんじゃない？」

そうだとしたら悔しすぎるんですけど、どう思いますか？

契約のためにはセクハラも辞さないはず！メンズエステのお試しコースで白衣の美女と存分に戯れる

仙頭正教／裏モノＪＡＰＡＮ編集部員

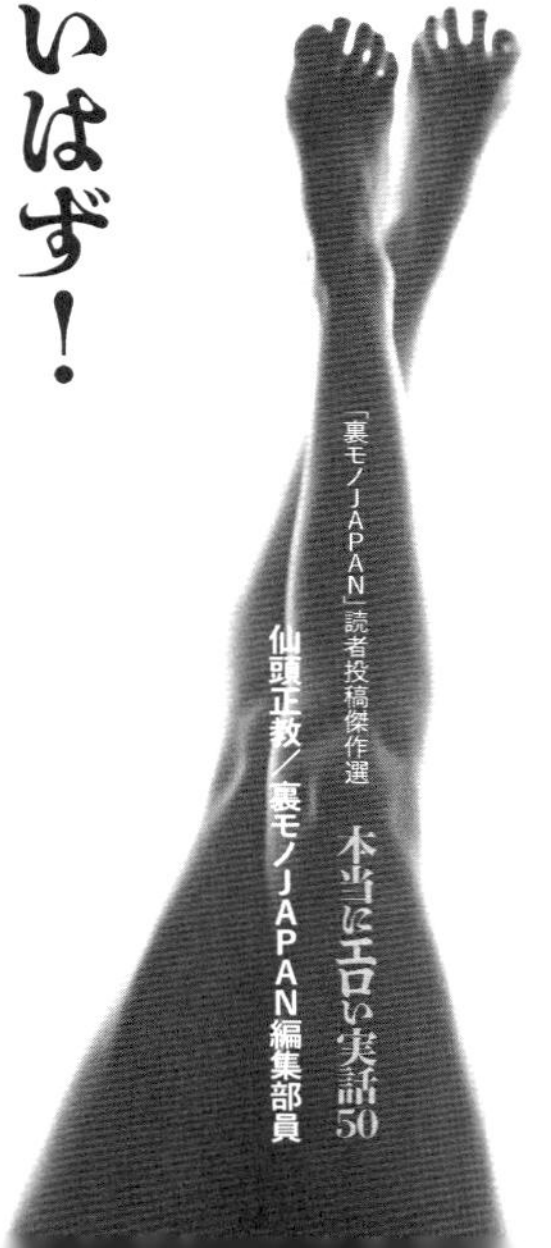

メンズエステという言葉をよく聞く。やらしい系のではなく、美容を謳い文句にした「ダンディハウス」や「ＴＢＣ」といった店だ。

ああいうところはたいていお試しコースを設けていて、初回だけは格安でサービスを受けられることになっている。

そこでオレは考える。

「裏モノJAPAN」2012年1月号掲載

お試しコースはあくまで高額契約のための呼び水だろうから、エステティシャンは客をイイ気分にさせようと必死なはず。少しくらいのセクハラにも怒ったりしないだろう。安い金でセクハラできるなら、キャバクラなんかに通うよりいいかもしれない。

顔出しサウナの中でスコスコスコ

日曜日の昼。大手エステ店へ向かった。お試しコースは5250円だ。

受付は「徹子の部屋」の応接セットのような華やかな感じで、女性スタッフの姿が3、4人見える。みな若くて美人だ。デパートの美容部員みたいな白衣を着ており、髪をアップにまとめ、なかなか色っぽい。

胸元から谷間をチラチラ見せた女性に簡単な流れの説明を受けて更衣室へ。専用トランクス一丁になって外へ出ると、ギャルっぽいスタッフが待っていた。

「今日は私が担当させてもらいます」

胸はなさそうだけど、ノリの良さそうなカワイ子ちゃんである。

「エステの前にサウナに入ってもらいます。発汗作用のあるクリームを塗りますね」

彼女は胸や腹にクリームをベタベタ塗ってきた。もちろん乳首にも。こちらの股間はもう膨らみ気味だ。

サウナはソープによくあるような顔だけ出して入るカプセルタイプだった。横にずっとついてお喋りしてくる彼女の顔を見ながら、こっそりチンコをスコスコスコ。

「ニヤニヤしてどうしたんですか？」

「キミはかわいいなあと思って」

「そんなことないですよ」

「カレシはいるの？」

「いませんよ」

オナニーしながら、女の子にこんなこと聞くなんて、変態だなあ、オレ。

お尻サワサワ乳首なでなで

いよいよエステ本番である。カーテンで仕切られたベッドに寝ころび、うつぶせになる。

「じゃあ、まずは左足からいきますね」

彼女がクリームを手につけ、太ももに塗り始めた。手が股のほうまで上がってくる。

おおっ！　今、タマ袋にちょいと手が当たったぞ。そう来なくっちゃ。

「ぼく、太ももけっこうムチムチしてるでしょ？」

「そんなことないですよ」

「気になってるんで、きっちりお願いします」

「わかりました」

おっと、また当たった！　もう6割くらい勃っちゃったよ。

お次は、期待の高まる仰向けだ。お腹に吸引器具をあてる彼女の手を軽くさえぎる。

「ちょっとストップ」

「はい？」

「もっと下のほうがいい気がするんですけど」

彼女の空いたほうの手をトランクスのほうに…。

「何してんですか」

「…ちょっとへんな気分になって」

「ちょっと！」

股間に触れる寸前で振り払われてしまった。ちくしょー、チンコを触らすのはダメか。

ならば攻めに転じよう。狙うはお尻タッチだ。白衣の上から軽くなでなで。

「ダメですって」

「まあまあ、そう言わずに」

「もう、駄目ですよ」

「いいじゃない」

「ダメですよぉ」

とは言いつつも逃げはしない。ふふふ。

じゃあ今度はオッパイだ。ぐいっと手を伸ばして…。

「もう！」

さっと体をよじって逃げられてしまった。

最後は顔エステだ。彼女がオレの顔を上からのぞき込み、クリームを顔や胸に塗りたくっていく。

ヌルヌルヌル、おっと乳首に触ったぞ。

「ちょっと今、わざと乳首のほうまで塗りませんでした？」

「そんなことないですよ」

「乳首を触ってくれましたよね？」

「そうでしたかぁ」

ニヤニヤ笑ってる。確信犯だな。

「もう一回、乳首やってくれませんか」

「もうヘンなこと言わないでくださいよ」

「お願いやってよ」

「そんなイヤですよぉ」

そう言いつつも、乳首をナデナデしてくれる。あぁ、イヤラシイ。契約しちゃおっかな。


お試しエステは2時間半ほどで終了した。5千円ちょいでここまで楽しめるなら、行って損はないと思う。

「裏モノJAPAN」読者投稿傑作選　本当にエロい実話50

女の了承なしにやっていいのか？ライブチャットを勝手に録画して勝手に販売する小遣い稼ぎ

中野伸吾／東京都 30歳 会社員

こんなもん勝手に販売していいのか

有料ライブチャットサイトにハマっている。１分50円とかのバカ高い料金で女のコにエロトークを持ちかけたりして遊ぶ類のやつだ。

「裏モノJAPAN」2013年7月号掲載

会話を長引かすほど自分のギャラがアップする彼女たちは、こちらの要求に積極的に応じてくれる。ナマ脱ぎや大股開き、それこそ電マオナニーとかでも。

その独特の興奮にどっぷりハマってしまったオレ、毎月5万くらいはサイトにつっこんでいる。興奮するけど金がかかってしょうがない遊びだ。

そんなある日、エロ動画収集の定番サイト「FC2」を見ていると、『コンテンツマーケット』というカテゴリーに辿り着いた。

自分の動画をフリマのように自由に販売できるページだ。個人撮影セックス動画なんかが並ぶなか、ふと目に留まったのはこんなタイトルの出品だ。

『ライブチャット・スレンダー美女』

『ライブチャット・本気ユミコ』

サンプルムービーをクリックすると、女のオナニー無修正動画が…。商品説明にはこうある。

『ライブチャットで不特定多数に見られながら絶頂を迎える場面は、興奮度200％です！』

『奇跡的に美しいお姉さんの悩殺ライブチャットです』

これ、おそらくライブチャットの映像を録画した動画だ。出品者はサイトではなく、個人だろう。

価格帯は500円〜2000円くらいだ。女の了承なしにこんなもん勝手に販売していいのか。たぶんダメなんだろうけど、まあバレなきゃいいってことか。

オレもやってやろうじゃん！

こんなコのオナニーこそ男は見たいはず

というわけで録画方法を探してみると、『チャットグラバー』というパソコンソフトをアマゾンで見つけた（19800円）。

機能は申し分ない。サイトを問わずライブチャット映像をパソコンに録画でき、撮影していることは相手にバレない。画質も落ちず、音声もちゃんと入る。まさに売ってつけだ。

録画ソフトを入手し、さっそくライブチャットサイトに乗り込んだ。

さてどのコを選ぶか。待機中のチャット嬢をチェックしていく。最初から下着になってるような女よりも、やはり客ウケがいいのは…。

ロックオンしたのは、黒髪清楚系の女子大生だ。

『大学何年生？』

『2年です』

『何学部？』

『一応、法学部です』

いいじゃん。こんなコのオナニーこそ男は見たいはずだ。

会話を少しずつエロい方向に進めていく。

『じゃあ、ちょっと脱いでみてくれるかな？』

『えー』

『恥ずかしそうなその表情ソソるよ』

『やだぁ』

『いいねいいね。もっと恥ずかしがって』

ここはたっぷり恥ずかしがってもらおう。商品説明に『最初は恥ずかしがってたのに…』とか書きたいし。

オナニーはギャップをとことん強調するため、電マを使ってもらった。

『気持ちいいの？』

『ああっ。ダメぇ』

『もっと声出してみて』

『やばいぃぃ～。あっ、いくぅぅ～』

作品タイトルは『現役法学部生、電マオナニーで昇天！』だ。バカ売れするかもな。

2本目は、ガラリと趣向を変え、ギャルを選んだ。生意気そうな女をヒーヒー言わせてるというシチュエーションもウケるはずだ。

彼女にバイブでオナってもらう。

『お尻をこちらに向けて』

『やだぁ～』

『おねだりするような感じで、グイッとお尻を突き出してくれない？』

指示通り、ケツを突き出す彼女。そしてバイブをズボズボズボ。

『あん、あああん』

『本物がほしくなるでしょ？』

『うん。欲しい。オチンチン欲しい』

作品タイトルは『生意気ギャルのおねだりオナニー』。これまた大ヒットするんじゃないの。

その後さらに3人とライブチャットし、5本のオナニー動画を用意。さっそく出品に

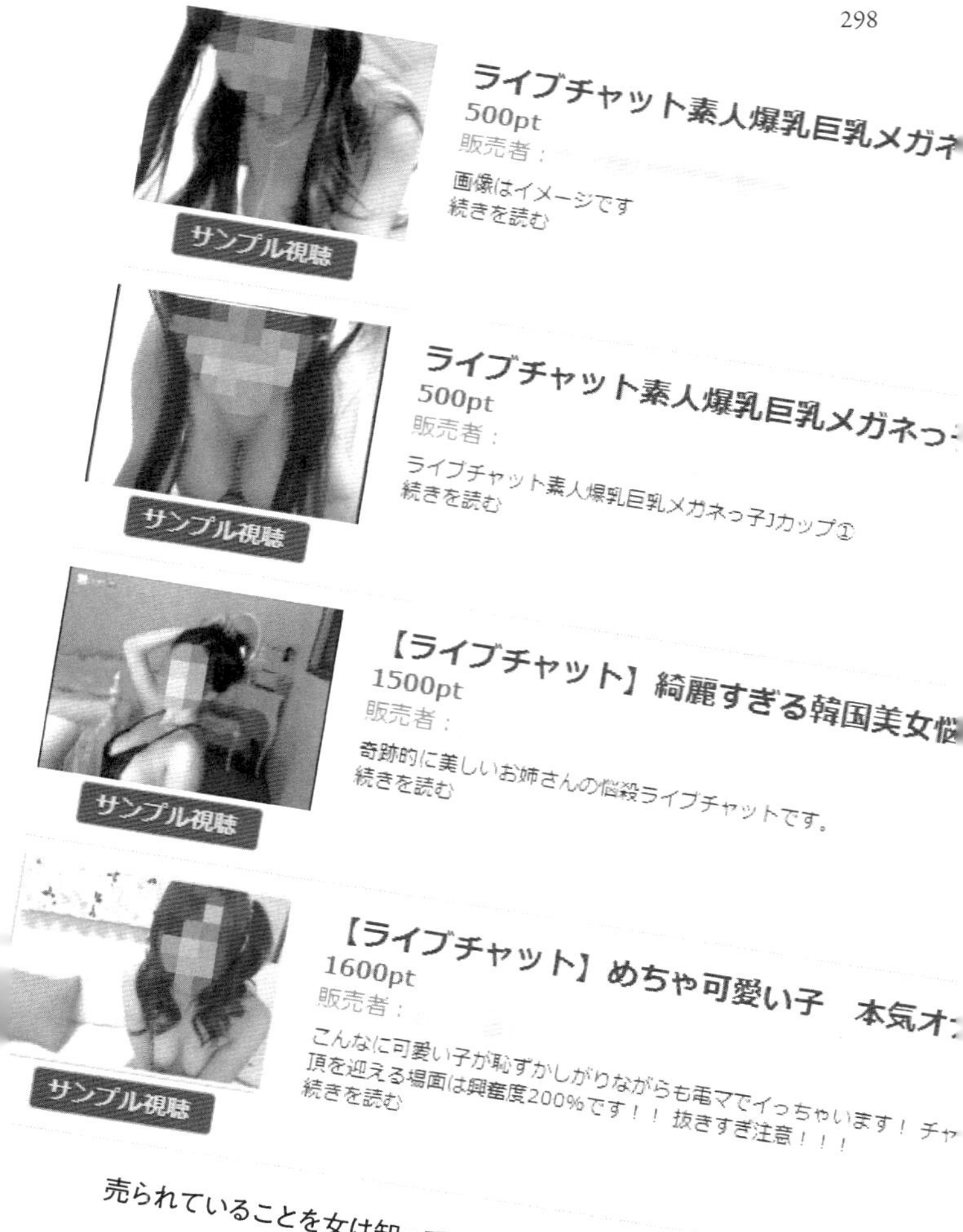
サンプル視聴
ライブチャット素人爆乳巨乳メガネ
500pt
販売者：
画像はイメージです
続きを読む
サンプル視聴
ライブチャット素人爆乳巨乳メガネっ
500pt
販売者：
ライブチャット素人爆乳巨乳メガネっ子Jカップ①
続きを読む
サンプル視聴
【ライブチャット】綺麗すぎる韓国美女悩
1500pt
販売者：
奇跡的に美しいお姉さんの悩殺ライブチャットです。
続きを読む
サンプル視聴
【ライブチャット】めちゃ可愛い子　本気オ
1600pt
販売者：
こんなに可愛い子が恥ずかしがりながらも電マでイっちゃいます！ チャ
頂を迎える場面は興奮度200%です！！ 抜きすぎ注意！！！
続きを読む

売られていることを女は知っているんだろうか

取りかかった。

出品自体は、ヤフオクよりも簡単だった。素性がバレないか気になったものの、完全に匿名で販売できるシステムになっている。

値段は相場に合わせて1000円に。30％はFC2に取られるため、儲けは1枚あたり700円だ。

さあ売れるかな？

現在、出品して1ヵ月半。12人のダウンロードがあり、1万2千円を売り上げた（1万円以上売り上げないと引き出せない）。

正直、5本のオナニー動画のためにサイトに突っ込んだ金額のほうがはるかに多い。

だが、趣味を兼ねて実益が出るのだからやりがいはある。今後も新たに動画を出品したいと思う。

「初めてだから優しくして…」もっさい男は敵じゃない。オタ婚活に集う処女をいただく

橋本和樹／東京都 22歳 大学生

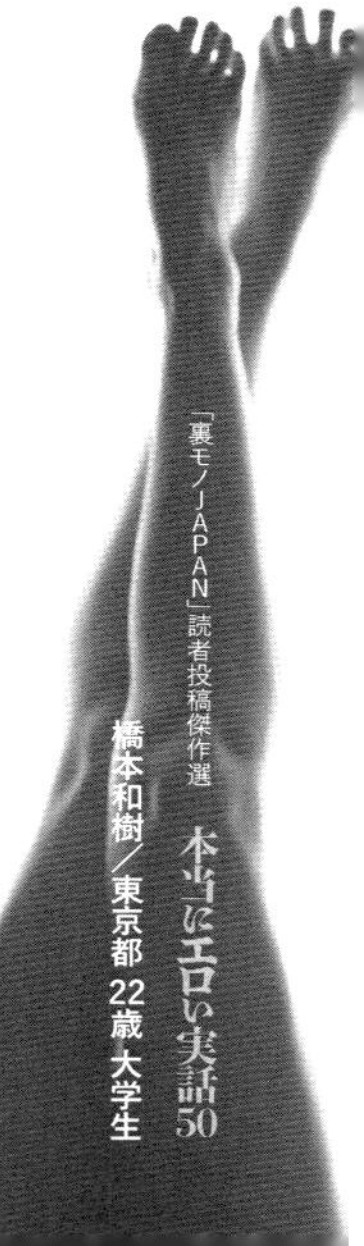

ある日ツイッターで『オタ婚活』なるイベントの案内が回ってきた。その名のとおり、オタクの男女が集まる婚活パーティらしい。

なにかピンとくるものがあった。オレの容姿はまあ普通だし、圧倒的なトークスキルがあるわけでもない。だけどここだったら他のオトコ参加者には負けないんじゃないか？ オタク男の中に入ったら、オレだってモテる側に分類されるはずだ。

「裏モノJAPAN」2013年8月号掲載

オタク女に可愛い子がいるかどうかは疑問だけど、まあ、あまり期待せずに行くとしよう。

この中ではマシだけど、職場なら中の下レベル

5月某日、埼玉のオタ婚活会場へ向かった。公民館みたいな建物に入り、参加費の2500円を支払って、待合所へ。

……なんだこりゃ。それぞれ10人ずつの男女がばらばらに座っているのだが、まるで仮面ライダーの敵怪人オールスターのような光景だ。ザ・オタクといった風貌の男性陣と、地味メガネばかりの女性陣。これは失敗したか…。

絶望的な気分のまま、女性全員と3分ずつのトークタイムが始まった。ドブスばかりなので気が乗らないうえ、全員が全員アニメの話ばかりしてくるので苦痛でしかたない。

それでもなんとか、1人だけ、マシだと思える女がいた。22歳の事務職、カナ（仮名）だ。顔面レベルはこの中ではいい方だけど、学校や職場だったら中の下に分類される程度か。こちらの目を見ずに飼っている猫の話をしてきた。やたら饒舌なのがいかにもって感じだ。

どこか堅苦しいパーティだった

フリータイムでは当然のようにカナの元へ直行だ。
「あなたが一番かわいいと思ったんでカップルになりたいです」
「え、あ、はい…」

ストレートに伝えると、彼女はテンパリながらもうなずいてくれた。ふっ、ちょろいちょろい。

婚活パーティとはいえ、どうやら名目上は「友達探し」らしく、カップル発表などもなく終了した。とぼとぼ帰って行く妖怪どもを尻目に、オレはカナと一緒に会場を後にする。

「じゃあカラオケでも行こうか」

「ちょっと今日は予定があって、すいません」

こんな日に予定を入れるあたり、非モテくさいなぁ。しかたないので後日会う約束をして別れた。

「ちゃんと付き合ってもらえるんですか？」

しばらくＬＩＮＥでたわいもないやりとりが続いたが、そこで驚愕の事実が発覚した。カナは生まれてこのかた、彼氏ができたことがないそうだ。つまり処女。俄然やる気が出てきた。

翌週末、待ち合わせの秋葉原にやってきたカナはオタ婚活の日とは違い、少しおめかしをしているようだった。ニットセーターに膝丈スカート。胸のふくらみからして、Cカップってところか。

「久しぶり。とりあえず散歩してから食事でもしようか」

「はい」

アニメショップやゲーセンなど、全く興味のない場所に行って時間をつぶした後、居酒屋に入る。

「オレはビールにしようかな。カナちゃんは？」

「あまりお酒飲んだことないので悩みますね」

「じゃあとりあえずビールにしときなよ」

カンパイしてすぐにカナの顔が赤くなった。飲みなれてないってのは本当みたいだ。

1時間ほど滞在して次に雰囲気のいいバーへ。ここで甘めのカクテルを飲ませていたら、いよいよ酔いが回ってきたらしい。

「あー、ヤバイです」

「大丈夫？」

そう言って手をとる。カナは一瞬ビクっとしたが、嫌がる気配はない。ここが勝負だ。

「カナちゃん、好きだよ。もっと一緒にいたいな」

照れくさそうにするカナの手を引き、店をでてタクシーに乗る。ホテル街で降りて無言でラブホに入った。

部屋のドアを閉めてすぐに抱きつく。

「あの、汗くさいからシャワー浴びたい…です」

これからどうなるのかわかっての言葉だ。こんなにすんなりいくなんて、早く処女を捨てたいと考えているとしか思えない。

彼女の言葉をさえぎってディープキス、そのままベッドへ。

「本当にしちゃうけど、いい？」

「初めてだから優しくして…怖いの」

まるでエロ漫画のような台詞が返ってきた。なにかを読んで予習してたのだろうか。

ニットを脱がし、ピンクのブラをはいで柔らかい胸をモミモミ、チューチュー。カナは無言のまま、目を閉じている。そのまま指をアソコへ…濡れてるじゃん！

しばらくの愛撫でさらにアソコの具合は最高潮になった。これならもういけるんじゃないか？

「入れるよ」

「あの、すいません」

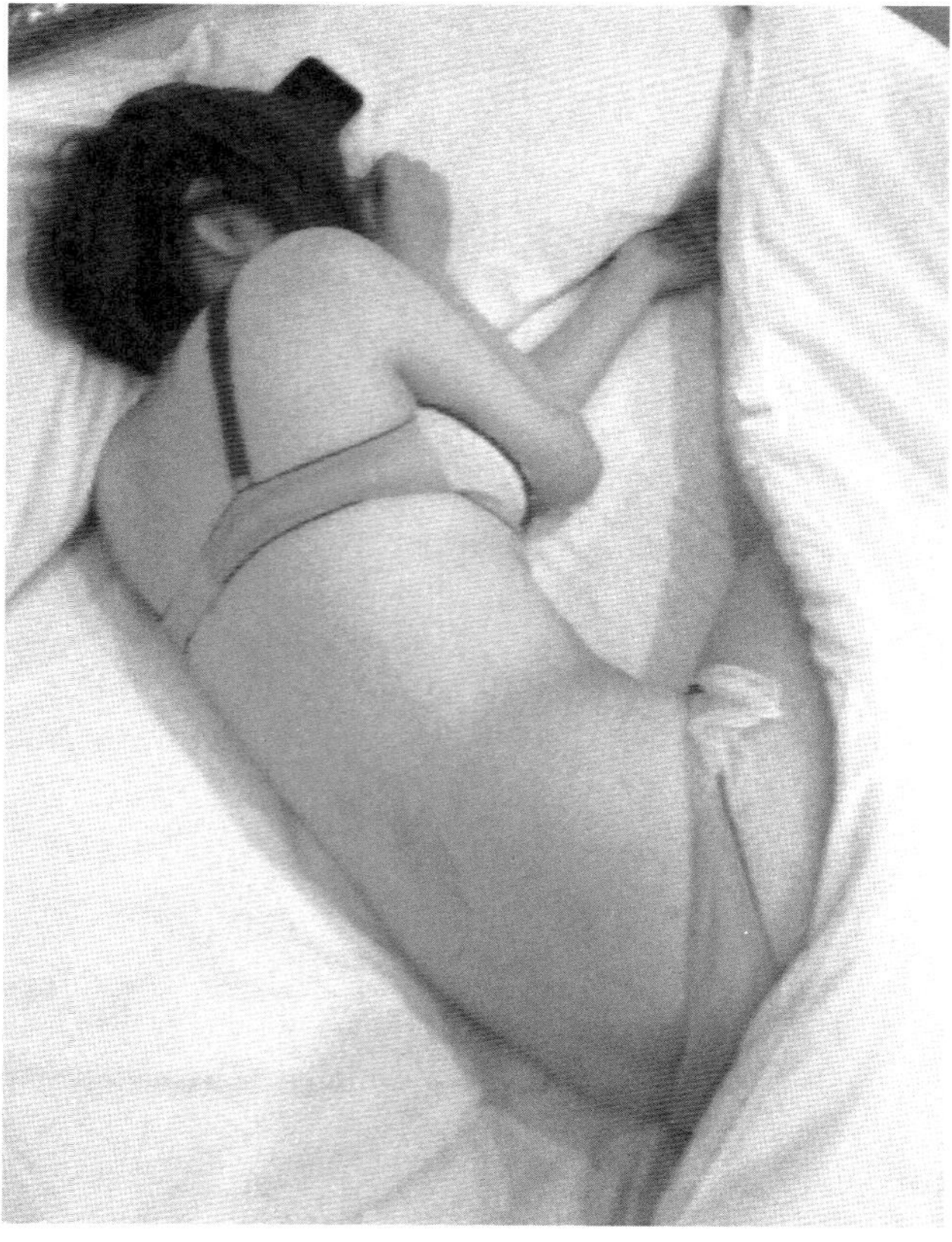

ごっつぁんです！

「どうしたの？　怖い？」

「いや、その、ちゃんと付き合ってもらえるんですか？」

処女をあげるからにはちゃんとしてくれってことか。ここでうなずかない男なんていないだろう。オレは「もちろん」と答えて腰をうずめた。

☺

カナは本当に処女だった。30分ほどかけて挿入し、そこからゆっくりさらに30分をかけてようやく射精。抜いたコンドームは血まみれだ。

実はオレ、オタ婚活では候補から外していた不思議ちゃんとも連絡をとっている（他にも数人から連絡先を聞かれた）。そして驚くことに、彼女も男性と付き合ったことがない＝処女だ。

これを書いたらライバルが増えるかもしれないけど、オタ婚活は定期的にアキバや新宿などで行われている。ナンパ師なんかは来ないでほしい。

メンヘラ女を性ドレイにするにはまずネカマで友達になってから偽カウンセラー(オレ)の登場

渋皮仁志／埼玉県 40歳 会社員

よくメンヘラ気質な女はセックスに持ち込むのが簡単だと聞くが、本当にそうだと思う。オレはカウンセラーを装い、その手のメンヘラ女たちをプチ洗脳し、何でも言うことを聞いてくれる性ドレイのような女を作ることを趣味にしている。

「裏モノJAPAN」2015年7月号掲載

『知り合いにカウンセラーがいるんだ』

実際にメンヘラ女たちを見つけるとなると簡単じゃない。なのでまずは自分が女（ネカマ）になることからスタートだ。

メンヘラ専用の友達募集掲示板に、人生に絶望したメンヘラ女として登場し、『同じ悩みを持った同性の方のお友達を募集しています』と書き込みまくる。

悩みの内容は、虐待を受けた、ＤＶの彼氏に捨てられた、子供を何人も堕ろさせられたなど、ベタなものでいい。

『私も同じような体験をしてます。よかったらお友達になりましょう』

こんな反応があれば、率先してこちらから不幸話を告白していく。『大変だったんですね。実は私も…』と、相手も色々と吐き出してくるものだ。

何度かメールのやり取りを経て、特に意志が弱く、頼まれると断れない性格の女を見つけだす。一般的にＭ女と呼ばれるような気弱なタイプが理想だ。

同じ市内に住む20歳の専門学校生マナミは、最も早くプチ洗脳に掛かってくれた女の子だ。

彼女は『男の人にお金の無心をされると断れない』『友達の言いなりになっている』などといかにも押しに弱いタイプで、ダメ男にいいようにされて捨てられた経験も持っていた。

『私って本当にダメなんだよね…』

ここまできたら、オレが登場するための下地作りに入る。

『知り合いに物凄く腕がいいカウンセラーがいるんだ。私もお世話になってるんだけど。いまモニターを探してるんだって。やってみない？　タダでいいんだって』

『うん。1回お願いしてみようかな』

『じゃ、マナミちゃんの連絡先教えておくね』

「マナミちゃん、好きだよ。愛してる」

カウンセラー（オレ）と相手との面談場所はカラオケボックスを使う。

「初めまして。カウンセラーの渋皮です」

「初めまして…」

穏やかなキャラで登場したら、まずは本人に自分の悪いところを片っ端から挙げさせ、徹底的に自己否定してもらう。

「どうしてかわからないけど、人に頼まれるとイヤなことでもイヤって言えなくて…」

一通り出してもらったら、今度は彼女が自己否定した部分をすべて肯定して褒めてあげる。

「なるほど。でも頼んできた相手は、マナミちゃんに感謝するはずだし、断らずに自分が大変になることで相手は嬉しい気持ちになってる。それは悪いことじゃないよね」

多少理屈がおかしくても、とにかく褒めてやることが大事だ。

これをひたすら繰り返していくと、「この人は私のことを理解してくれる人だ」という刷り込みが完成する。

と同時に、オレが希望する価値観も刷り込んでいく。女に奉仕されるセックスが好きなオレは、こういう感じの誘導を使う。

「僕のお客さんで、女性に奉仕されるのが好きな男性とお付き合いしてる人がいるんですが、最初はその考えが受け入れられなかったけど、受け入れると決めたことで今は最高に幸せだって言ってる」

マナミは「そういうこともありますよね～」とうなずいていた。

ここまで来たら最後の仕掛け、擬似恋愛だ。

「カウンセリングの他に、もう１つモニタリングしたいことがあるんだけど、協力してもらえる？」

「いいですよ」

「擬似恋愛の実験なんだけど、これからマナミちゃんに求愛するから、それに言葉で応え続けてください。終わったら少し質問するね」

こう言って、愛してる、好きになってしまったなどの愛の言葉を浴びせ続けていく。

「マナミちゃん、好きだよ。愛してる」

「私も好きです。嬉しい、私も愛してます」

このやり取りを30分近く続ける。反復が大事なのだ。実はコレ、自己啓発セミナーなどで使われる方法を応用したテクニックで、何度も声に出すことで、本当に惚れてしまったと錯覚を起こしてしまうのだ。

「やってみてどうでした？　どう感じた？」

「なんだか嬉しかったです。ドキッとしました」

あとは仕上げに取りかかるだけ。

「これはカウンセリングでも何でもなくて、僕の本心を伝えたいんだけど、マナミちゃんのことが好きになってしまったんだ」

メンヘラ攻略法!!!
…ね？
…うん♥

信じがたいかもしれないが、これでコロッと落ちてしまう。

あとはキスやらエロいことに発展させればいいだけだ。最終的には、命令せずとも全身リップまでしてくれるご奉仕女の出来上がりだ。

「私、空き部屋の案内をしてる者です」ラブホ難民のカップルに自分の車でセックスさせて覗く

「裏モノJAPAN」読者投稿傑作選　本当にエロい実話50

匿名／兵庫県 40歳 会社員

いつからか漫画喫茶や深夜の公園などでカップルのいちゃいちゃを覗くのが趣味になった。ＡＶなんかより素人カップルのエロのほうが断然コーフンするのだからしかたない。

そんなオレがここ数年ハマっている遊びを紹介しよう。これも当然、素人カップルの

「裏モノJAPAN」2015年8月号掲載

エロスを覗くのが主な目的だ。

もしよかったらこのクルマでどうですか

どこのホテル街もそうだろうけれど、クリスマスやバレンタインなどのカップルイベントの時期はどこも満室になる。部屋を求めてさまようカップルたちが大勢現れるのがこのタイミングだ。

そこでオレはそのころ、ラブホ街にクルマを停めて、行くあてのなさそうなカップルに声をかけている。

「私ラブホの案内をしてるものなんやけどね、良かったら知ってるホテルまでお連れしましょうか？」

「え、いいんですか？」

「はいはい。クルマに乗ってすぐなんで良かったらどうぞ」

ラブホ案内人。もちろんそんな仕事なんてしてないし、おそらくそんな職業は存在しないとは思うのだが、とにかく業務的に伝える。この流れで、けっこうな確率でカップルがクルマに乗り込んでくる。

　さてここからが問題だ。別のラブホ街に向かいながら、人気のない駐車場にクルマを停め、ケータイを取り出して小芝居を開始する。

「ああどうも。これから1組お連れしますけど大丈夫やろか？　……え、満室？　ホンマか～。うん、また連絡しますわ」

　そして一言。

　案内する予定だったホテルが満室だったという設定だ。

「すんません。ワシ意外にも案内してる人間がいてね、先に満室になってしもたそうですわ」

「そうなんすか……」

　落ち込むカップル。そこですかさずたたみかける。

「せやなー。もし良かったらなんですがね、このクルマでいかがですか？　ワシ小一時間ほど離れますんで、自由に使ってください」

「え？」

「いや申し訳ないんでね。コンビニで時間潰しとくから好きに使ってください。こんなとこ人も来ーへんから、ね？」

　このクルマをラブホ代わりにしてくれというわけだ。ケータイ番号を伝えて、終わったら連絡くれと付け加える。

了承してくれたら実際にクルマを降り、見えないところまで歩く。

そして10分~15分ほどが経ったら忍び足でクルマに近づいて行く。

カップルは十中八九コトに及ぶ。後ろから近づき、腰をかがませながら覗けば騎乗位で乳を揺らす女や、フェラしてる女の尻などが見られて非常に楽しい。大胆にもアエギ声を出しまくる女だってけっこういる。覗きながらシコるのがオレの流儀だ。

見せてくれてお金までくれるなんて

終了電話が来たら何食わぬ顔をしてクルマに戻る。

「よろしいですか？　ほんならさっきのトコまでお送りしますね」

さっきまでエロエロな顔を見せていた2人が恥ずかしそうにしてるのを見るのもオツなものだ。

クリスマスなどが来るたびにこれを1日3、4件はやってみると、意外なことに、ちょっとした儲けになることもわかった。

ある日、クルマをラブホ代わりにしてくれたカップルを送っていたところ、彼氏のほ

うからさっと札を手渡された。

「これ、良かったらどうぞ」

5千円もある。場所代としてお札を払いたいのだとか。断る理由はない。

このように〝チップ〟をくれる客は少なくない。さすがに5千円はまれだが、千円や2千円はほとんどと言っていいほど渡される。こちらから一切要求していないうえ、セックスを覗かせてもらってるのにありがたいかぎりだ。

裏垢で チカン報告する女子大生に 痴漢本人のフリで接近して エロ画像を大量ゲット！

山形浩男（仮名）／東京都 30歳 会社員

ツイッターを使う若い女性の中には、リアルな人間関係とはつながっていない、通称「裏垢」と呼ばれるアカウントをつくる者がいる。

その目的は他人の悪口をつぶやくためや友達には知られたくない趣味に関するつぶやきをするためなど様々だが、もっともメジャーなのは性に関するつぶやきを目的とした

「裏モノJAPAN」2015年3月号掲載

「エロ垢」だ。
オレはこの「エロ垢」が大好物で、エロ垢をフォローするためだけにつくったアカウントで日々若い女たちのエロいつぶやきやオナ画像を見ては楽しんでいた。

毎朝チカン報告をする女子大生

そんなエロ垢のなかで、ひときわ更新数が多く、かつオレの気を引くアカウントがあった。現役女子大1年生のゆうみ（仮名）だ。彼女は、毎晩自宅での赤裸々なオナニー報告を写メ付きでツイートするのである。

〈今日は新しいローターが届いたからいっぱいオナっちゃった☆〉

〈声出しすぎちゃったから弟の部屋に聞こえちゃったかも(;_;)〉

顔出しはしていないものの、首から下を自撮りした裸画像は幼さと大人の身体が絶妙に交じり合ったなんともいえないエロさを醸し出している。そんな彼女のフォロワーは1000人超となかなかの人気で、オレは毎晩最低1回はゆうみのエロ画像でヌいていた。

彼女の魅力はオナ報告にとどまらない。毎朝通学する電車で痴漢されているらしく、その状況も生々しく報告してくれるのだ。

〈今日も20分くらいずっとスカートの中に入れられてた…満員だから動けないしずっとイジられてベチョベチョ（T_T）〉

〈昨日触ってきた人が今日も後ろにずっとついてた…自分でオナるより気持ちいいかも…〉

そんな彼女のつぶやきを毎日眺めていると、あることに気づいた。彼女、毎朝いつも同じ男に痴漢されているらしいのだ。過去のつぶやきをさかのぼったところ、年齢は50代くらいでいつも黒い帽子をかぶっている髭面の男。彼はゆうみが乗る次の駅から乗ってきて20分強にわたり彼女の尻と陰部をかき回して堪能するらしい。

ツイッターで知ったこの情報、何か自分の利益につなげられないだろうか。そこである1つのアイディアが浮かんだ。

〈いつも触ってる人ですよね？〉

オレは新たにツイッターのアカウントを作成し、ゆうみをフォローした。自己紹介文には「エロ垢。○○在住の50代」とだけ書き、適当に毎朝ゆうみが通学する時間帯に「今から電車乗る」とだけつぶやく。「○○在住」としたのは、ゆうみが○○に住んでいるからだ。

ゆうみがそのアカウントをフォローしてくれたので、誰にも見られずにメッセージのやりとりをできる「ダイレクトメッセージ」を送れる関係になった。

作成から1週間ほど経ったところで彼女に1通のダイレクトメッセージを送ってみる。

〈たぶんどこかで会ったことあるんだよね〉

すぐに彼女から返事が。

〈ほんとですか？〉

〈ここ1週間で黒い帽子かぶった人にいたずらされたことなかった？〉

これまで彼女がツイートした情報から、さも痴漢男本人であるかのように自己紹介したオレに対し、ついにゆうみは気づいた。

〈あっ！　もしかして○○駅で乗ってくる人ですか？〉

〈よく気づいたね〉

〈いつも触ってる人ですよね？　今日も触ってましたよね？〉

どうやら、完全にこのアカウントを痴漢男本人と思い込んでいるらしい。彼女に合わせるようにして会話を続けた。

〈気づいた？（笑）　エッチだったね、ビシャビシャだったもん（笑）〉

〈恥ずかしい…〉

こうしてオレたちはリアルで会話を交わしたことはないが、ツイッター上ではエロ会話を繰り返すという奇妙な関係となった。

ビシャビシャになったパンツ写メってよ

毎朝、痴漢され終えたゆうみはその感想を必ず報告する。

〈今日は人が少なかったからあんまり触られなくてつまんなかった(T_T)〉

こんなやりとりを繰り返すうちに、彼女は全体に公開されるツイートとは別に、1日のオナ報告を写メ付きで送ってくるようになった。そう、すっかり痴漢男に心を開いているらしいのだ。「私、こんなにエッチでごめんなさい」などと。それを見る度にオレは毎晩シコシコ繰り返す日々だ。

このような状況になればこちらも色々と試したくなるもの。今度は以下のようなメッセージを送ってみた。

〈明日電車降りたらすぐにトイレに入って、触られてビシャビシャになったパンツ写メってよ〉

すると翌日、彼女は本当にその写メを送ってきたのである！

〈今朝はかなり激しくてビビりました…〉

そこには、中心部にヌメリけのある黄色いシミがついたパンツの画像が添付されていた。オレは自由に彼女のエロ画像をリクエストできるようになったのだ。それからは彼女の部屋の鏡の前でオナニーさせた動画を送らせたり、大学のトイレで撮ったエロ写メを送らせたり、やりたい放題だ。

おもしろいことに、痴漢男本人は相変わらず一切彼女に話しかけないらしく、この偽アカウントの存在は今日までまったくバレる気配がない。

おかげで現在オレのスマホには彼女の自撮りエロ写メコレクションが200枚以上たまっており、今後もその数は増える見込みだ。

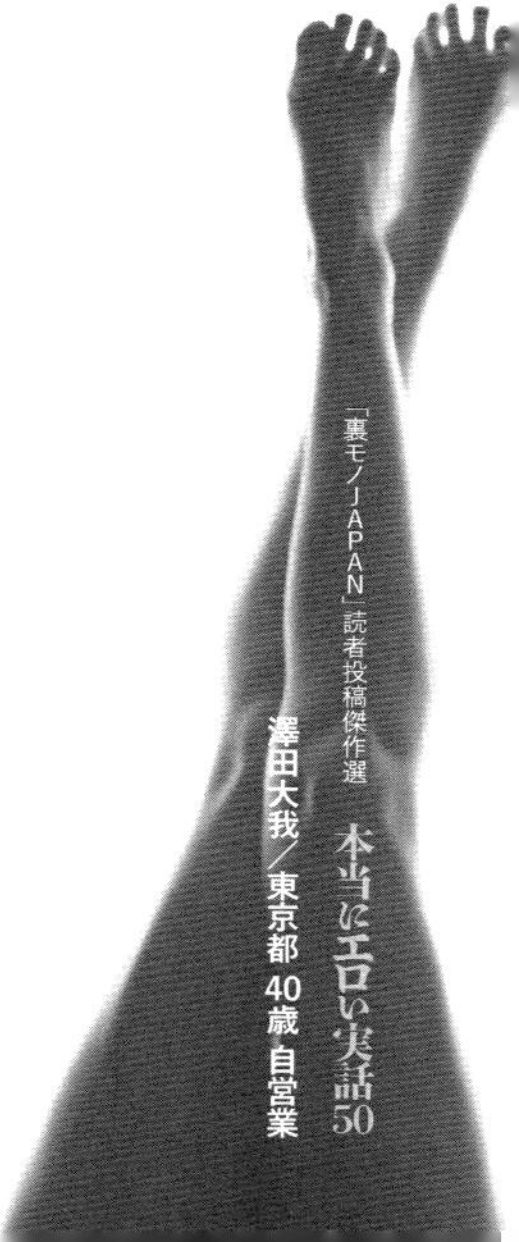

イケメン写真で風俗スカウトし、店長講習には自分が現れる。天才的タダマン法をあみだした男

澤田大我／東京都 40歳 自営業

メールはイケメン、会うのは自分

自分とは似ても似つかないイケメン写真を使えば出会い系サイトで女と会えるんじゃ

「裏モノJAPAN」2015年1月号掲載

ないか。そう考えて実行にうつしたことがある。

たしかに募集をかけたらメールはたくさん届くし、アポが成立して待ち合わせ場所に出向いたりもした。

だが、やはりというか、写真とまったく違う顔のオッサンがやってきたとき、女の態度はあからさまに変わった。「騙しかよ」「死ねオッサン」などなど、いったい何度罵倒されたことか。

会う約束までは簡単にいけるのに、いざ会ってからの上手い持っていきかたがどうにも見つからない。そこで考えた。イケメン写メを使ってメールのやりとりをして、待ち合わせ場所にオッサンが行っても通用するシチュエーションを。

たどりついたのは、風俗のスカウトを装う作戦だ。

プロフィール写真をネットで拾ったイケメンホスト風にしておき、女に『スカウトやってるんだけどよかったらどう？』とメール。そこでやりとりを続けて、じゃあ面接当日は店長が行くからヨロシクってな具合の流れはどうだろうか。その後はニセの面接を挟んで講習ってなかんじで、ヤレた後はバックれちゃえばいい。

いけそうな気がする。やってみっか。

『軽いフーゾク系のスカウトやってます。もし興味あったらメールください♪』

さすがにピュアな子には無視されるだろうから、ワリキリ系の募集をしている子ばかりに爆撃メールを送る。

10人ほどに送ったところでさっそく返事がきた。

〈仕事ってどんな感じなんですか～？〉

20歳のフリーター、愛菜だ。顔写真は載ってないけどその若さだけでオジサンにとっては勃起ものである。

〈突然ごめんね～。そういう仕事に興味ある子探してて、なんか気になったからメールしちゃったんだ。愛菜ちゃんはデリとかそういうのやったことある？〉

〈ん～ワリキリはあるけど～。けっこう大変なんですかね～？〉

〈そっか！　まあ細かいところは店長じゃないとわかんないんだけどね。でも若いうちだから稼いでおいたほうがいいよ。彼氏とかはいるの？〉

こんな感じで仕事の話はそっちのけでプライベートの会話を続けた。彼氏はいるけど暴力がすごくて大変らしい。それでその彼が浪費家でこれまた苦労してるそうな。へえ。

と、彼女がこちらの容姿に言及してきた。

〈高田さん（オレのスカウト名）すごいイケメンですよね（笑）マジびびった！〉

効いてる効いてる。やっぱイケメンってすごいなぁ。

「タカダ君、すごい喜んでたよ」

　直メールに移行して数日やりとりしたが、彼女は風俗に抵抗があるようで、面接に行ってきなよと誘ってもなかなかイイ返事はこない。

　どうするか。ここは情に訴えるのがいいかもしれない。

〈面接、行ってみない？　なんか俺ノルマ厳しくてさぁ。女の子紹介しないと契約切られちゃうんだよね…〉

〈そうなんだ…どうしよ…〉

〈もちろん愛菜がイヤならしょうがないんだけどさ、面接のあとは軽い講習みたいなのもあるし。でも協力してくれたら本当に助かるんだ〉

〈うーん。そっか〜〉

　なんか心が動いてる気がする。もう一押しだ。

〈オレのためにお願い、って言ったら迷惑かな？　愛菜とはこれからも仲良くしていきたいし〉

　さらにもう１つ。

〈そうだ、土曜空いてる？　夜飲みに行こうよ〉

〈行きたーい！〉

〈たとえばなんだけど、お昼に面接してきてそのあと会うのはどう？　オレ予定があってそっちは行けないから、店長と会ってきてくれない？〉

数分ののちに待ち焦がれた言葉が返ってきた。

〈そうだねー　了解です☆〉

当日お昼。やってきたのは乳だけがやたらと目立つ馬面のオンナだった。美味しそうなカラダではある。

「タカダ君の紹介の愛菜ちゃん？　今日はヨロシクね」

「…よろしくお願いします」

そのまま喫茶店に入り、嘘面接のスタートだ。

「仕事の内容はなんとなくわかる？」

「はい、いちおう」

「給料は、60分のお客さんが一人ついたら2万円ね。ウチは他と比べてバックが高いからいいと思うよ」

「へえ、いいですすね」

ぜひとも講習に進んでもらうために適当な御託を並べまくる。

そうだ、ちゃんとイケメンスカウトが実在することも匂わせておいたほうがいいな。

「タカダ君、キミが面接に来てくれるって決まってすごい喜んでたよ」

「んふふ」

「そういえば今夜会うらしいじゃん。彼、すごいテンション高かったなぁ」

「そうなんですかー、アハハ」

馬面ちゃんの顔が少し赤くなった。いいぞいいぞ。

「じゃあウチとしては採用させてもらいたいので、このあと講習に移るけど大丈夫？」

「あ…うーん」

「このあとタカダ君と会うんでしょ？　だったら彼のためにがんばらなきゃ」

「…うーん、はい」

よっしゃ！　ゴチ！

ホテルに向かう道中、下を向きっぱなしの彼女に声をかける。

「彼、キミみたいな顔の子がタイプって言ってたよ」

「え？」

やべ、タカダは写真の交換はしてないんだった。

「いや、タイプだと思うよ、うん。じゃあ急ごうか」

なんとか無事にホテルに入り、講習と称して思う存分楽しませてもらった。

☺

講習が終わり、夜になってイケメンの高田に対して彼女からメールが届いたが、当然無視だ。その後、店長のオレも連絡をせず、彼女からも電話はなかった。

この調子で月に2人はタダマンできている。最近は『ぎゃるる』などの出会い系アプリが主な漁場だ。

そこまでして覗きたいのか！現役たちが得意気に語ったパンチラ盗撮あの手この手

「裏モノＪＡＰＡＮ」読者投稿傑作選　本当にエロい実話50

梶本ヨシヒコ／東京都　34歳　会社員

恥ずかしながら、私の趣味はパンチラ盗撮です。盗撮歴は10年以上。日ごろから都内の駅の構内で、女性のスカートの中身を携帯写メに収めては、自宅でシコる日々を送ってきました。

「裏モノJAPAN」2016年2月号掲載

長い年月、パンチラ盗撮を続けてきたおかげでわかったことがあります。

盗撮初心者は、現場に着いたら、盗撮できそうな女の子を探します。

中級者は、盗撮犯を見つけようとしてる人間（鉄道警察）を探します。

上級者になると、鉄道警察のほかに、自分と同じ盗撮マニアを探すのです。

同じ趣味を持った仲間たちの経験は、大きな価値をもっています。同好の士と交流し、情報を引き出すことで、現場の危険を察知したり、新たなお宝に繋がる知恵やテクニックを手に入れることができる。ベテラン盗撮犯は、そういった横の繋がりをもっているものなのです。

動きの怪しい人間を見つけたら、道を聞くフリをしながら近づき、小声でこう言います。

「鉄警にマークされてますよ？」

「え？」

「大丈夫、僕も同業だから」

以前逮捕されたことがある男（私）が、同業のよしみで教えたという体で話しかければ、相手も気を緩めて色々な情報を話してくれるのです。

そんな同業者たちから手に入れた、いくつかの盗撮方法をご紹介したいと思います。

文字が小さいから近づいてくる

1人目は、某ターミナル駅の構内で獲物を狙っていた中年男性です。彼は通学中の女子高生のパンチラが好物らしく、いつも「ミントケース型スパイカメラ（既製品）」を使った動画撮影をしてました。

近くに高校がある郊外の小さめの駅に、朝の通学時間帯の前に行き、階段にカメラを置きます。

中央に置くと踏まれて故障する可能性が高い。かといって端ではパンチラが撮れない。なので彼は、階段の中央、かつ段の奥にスパイカメラをセットします。

通学の時間帯は決まっていて、清掃員もいないので、セットと回収は簡単。1度に大量のパンチラ映像が楽しめると自慢していました。

2人目は30代の男性で、ターミナル駅の階段を何度も往復しているところを声かけしたらやはり同業者でした。

彼は週末になると、つま先部分に小型カメラを仕込んだスニーカーを履いて、バッグの中のビデオカメラで撮影している男です。

撮影は少し手が込んでいて、あらかじめ、非常に小さい文字でいくつかのお店の情報を書いた紙を、バインダーケースに挟んでおきます。

スカート女性を見つけたら、そのバインダーを見せながら近づき、「すみません、この○○不動産の場所なんですけど、住所がこちらなんですが…」と道を尋ねる。

文字があまりに小さいので、ターゲットの女性は男性に近づかなくてはいけません。そのタイミングでつま先をスカートの真下付近にセットして、お宝映像をゲットするわけです。

バインダーのおかげで視界が遮られ、つま先の不自然な動きが見えないという効果もあります。何度も試して辿り着いた方法なのだそうです。

反対の手の動きには気づかない

3人目は某有名痴漢多発地帯で知り合った30代の男性です。

彼は自分の携帯を女性のスカートの中に直接突っ込んで撮影する冒険家です。

やり方は少々強引で、路上でターゲットのスカート女性を見つけたら、知り合いのフリをして「○○ちゃん、久し振り！」と声を掛けます。

同時に、片手をターゲットの肩に置き、もう片方の手をスカートの中に突っ込んで撮影するのです。

声を掛けられた女性は、肩に置かれた手と男の顔に注意がいくため、反対の手の動きには気づかないいんだとか。動画撮影にしておけば、確実にパンチラがゲットできるそうです。

4人目は、もう1人の盗撮仲間とチームを組んで行動しています。

場所は駅の階段です。スカート女性が現れたら、まず1人目がターゲットのすぐ斜め後ろについて上がっていきます。その2メートルほど後ろにもう1人の男が続きます。そ先頭の男がわざとポケットからハンカチを落とし、2人目がそのハンカチを拾う。その瞬間に前方を歩く女性のスカートの中を覗きつつ、携帯で撮影。これならスカート女性の近くでごく自然に屈むことができるわけです。

1度ミッションを終えたら、場所を変えて、撮影した男が今度はハンカチを落とす役をこなす。こうして交互にパンチラ撮影を続けていくわけです。

とまあ、世の中にはいろんな盗撮魔がいるものです。女性の方はご注意を。

AV女優騒動の松潤のおかげでジャニーズに憧れる子たちが顔出しでエロ動画に出てくれます

田村栃男／埼玉県 40歳 自営業

先日、週刊文春で嵐の松潤がＡＶ女優の葵つかさちゃんとの二股愛が報じられていました。

我々には無関係とも思えるこの事件ですが、実はこれ以降、エロ動画販売を副業にしている僕に大きなメリットが生まれたのです。

「裏モノJAPAN」2017年3月号掲載

AVという言葉は絶対に使わない

僕は出会い系サイトで見つけた援交女とハメ撮りをして、その動画をFC2などの動画販売サイトで売って稼いでいます。

女の子のギャラやホテル代などの経費を引くと、儲けは2〜3万円程度。労力の割にはリターンの少ない副業ですが、若い子とセックスできて、なおかつ少しでもお小遣いになるんだから、まあ悪くはありません。

でも、できればもう少し大きく稼ぎたい。

この手のエロ動画販売は、女の子が顔出ししていないと高く売れないのですが、出会い系などで見つけてきたほとんどの女の子たちが、顔出しを嫌がります。が、先日の松潤とAV女優のニュースが話題になったことで、ちょっとした変化が起こりました。

ポイントは、葵つかさちゃんが、AV女優ではなく、セクシー女優として紹介されていたことです。

作品に出てくれそうな女の子たちに、「君もセクシー女優になれば、ジャニーズのメンバーと付き合えるかもよ？」と説得するようにしたところ、顔出しアリでハメ撮りさせてくれる女の子が増え始めたのです。

やはり、一番効果的なのはジャニーズファンの女の子を狙うこと。

色々探してみた結果、エロ動画に出演してくれそうなジャニヲタ女は、出会い系サイトよりもツイッターを使った方が、簡単に見つかるとわかりました。

『何でもするので嵐のチケットが欲しい』みたいな書き込みをしてる女の子たちに（もちろん未成年は排除）、片っ端からダイレクトメッセージを送りつけていきます。

『こんにちは。2時間で数万円のお小遣い稼ぎあるんだけど興味ないですか？　ジャニーズ好きなら聞いても損はないと思うよ！』

反応をくれたお金のない女の子たちに、『セクシー女優って知ってる？』と問いかけます。

もちろん単なるAV女優のことなんだけど、AVという言葉は絶対に使いません。

『エッチな動画作品に出て有名になれれば、ジャニーズのメンバーと仲良くなれる可能性だってあるんだよ。松潤の彼女だってセクシー女優だったでしょ？』

こんな感じで説明していくと、わりとすんなり面接にこぎつけることができます。今までと比べてみても、ジャニーズファンにセクシー女優という言葉を使ったことで、出演交渉がラクになりました。

顔出しした方が絶対有利だと思いますよ

いざ会ってみると、不細工やデブの使えない子も多いけど、たまに当たりの子がいます。そういう子には通常3万円の謝礼金を提示して、グダられそうなら5万とか場合によってはそれ以上の金額にします。この時点では、まだ顔出しの話はもちかけません。

「ホテルでエッチな動画を撮影して、ネットの専用サイトで販売してるんです。有名なセクシー女優さんたちも、みんなこうやってエッチな動画に出て有名になった人たちなので、スタートは一緒なんですよ」

了承してくれた子と、後日、ホテルでのハメ撮りに持ち込みます。

簡単なインタビュー、お風呂、クンニ、フェラ、本番といつものパターンで撮影していって、最後はゴム発射。問題は撮影の後です。

「撮影した動画なんだけど、顔のモザイクはどうします？　セクシー女優として有名になりたいなら、顔出しした方が絶対有利だと思いますよ」

今までなら、どんなに顔出しの方が得か説明しても「絶対ムリ」と断られていたのに、ジャニーズファンにセクシー女優という言葉を使うようにしてから、格段に顔出しＯＫ

率が跳ね上がりました。

これ、僕のようにエロ動画販売をしてる人はもちろんですが、プロのAV業界の方にも有効なテクニックだと思います。試してみてはいかがでしょうか。

トピックス　スポーツ　プロレス　エンタメ　ノンセクション　レース

芸能　グラビア　アニメ　パチンコ

ツイート　いいね！ 2　B! 0　G+1 0

嵐・松本潤　井上真央と「交際10年」のウラでセクシー女優と"裏切り愛"

2016年12月28日 16時30分

© 東京スポーツ新聞社

井上真央(左)と葵つかさ

人気グループ「嵐」の松本潤(33)が人気セクシー女優・葵つかさ(26)との5年越しの関係を28日発売の「週刊文春」に報じられた。女優・井上真央(29)とのいちずな交際がささやかれてきた中での"裏切り愛"報道は松潤の株を下げることにもなりかねないが、最悪だったのは葵との出会い方だ。業界内からは「松潤こそ相当なゲスなのでは」と人格を疑う声も噴出している。

記事によると、葵は12月だけで3回、都内の松本の自宅マンションを訪れた。2人が出会ったのは4年前。中村勘三郎さん(享年57)の通夜が行われた2012年12月だったという。「まさか、あの時に…」と絶句するのはあるワイドショー関係者だ。

都内の閑静な住宅街にある勘三郎さん宅で行われた通夜には、たくさんの著名人が訪れたが、取材スペースが狭かったこともあり、そのほとんどは大挙した報道陣を"スルー"。取材に応じる人は少なかった。

「裏モノJAPAN」読者投稿傑作選　本当にエロい実話50

浅野洋史／東京都 42歳 会社員

どこの社会人サークルにものけ者になってる女がいるもの。彼女らこそがセフレのターゲットだ！

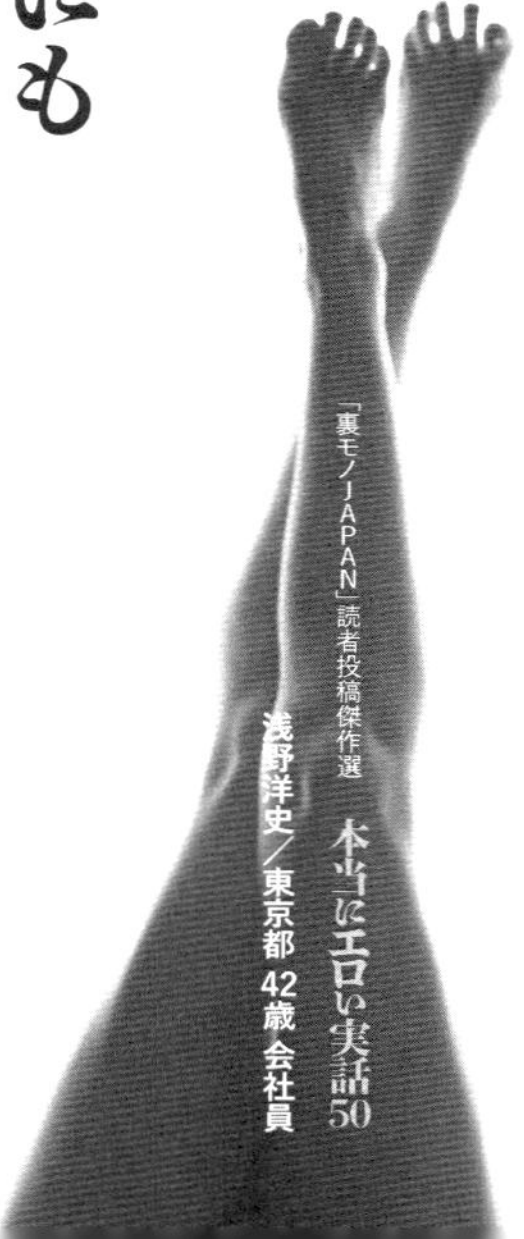

昨年、とある社会人テニスサークルに入部した。目的は言うまでもなくセフレ探しだ。できれば20代、最悪でも30前半の若い女を狙う腹づもりでいたのだが、2、3回ほど練習に参加した時点で、その考えがいかに甘かったのかを痛感した。

悲しくなるほど女たちから相手にされないのだ。40を過ぎると、途端に下の世代から

「裏モノJAPAN」2018年1月号掲載

オッサン扱いを受けるなんて話も聞いたことはあるが、まさかこれほど高い壁だったなんて…。サークル、もう辞めよっかな。

性格が悪いからみんな避けてる

しかし俺はあきらめの悪い男だ。その後もわずかな可能性を求め、練習に参加し続けていたところ、ふと、1人の女の存在が気になりだした。

美人だからではない。年齢こそ20半ばと若いものの、ルックスはむしろ45点くらいだ。俺が興味を持った理由は、彼女が他のサークルメンバーからいつもぽつんと浮いているからだ。

毎回、練習にはまじめに参加しているようだが、休憩時間や帰宅のタイミングになると、必ず1人で行動しているのはなぜなんだろう。ルックス的に男たちから相手にされないのは理解できるとして、どうして他の女たちとも距離を置くのか。友だち作りこそが、社会人サークルの本来の趣旨だというのに。

「ねえ、あの山本さん（彼女のこと）って何でいつも1人なの？」

親しい女メンバーに尋ねたところ、こんな答えが。

「性格が悪いからみんな避けてるんじゃないですか？　女子同士でワイワイ盛り上がってる話題とか、鼻で笑って否定したりするんですよ。なんか感じ悪くないですか？」

ふむふむ、これは一考に値する気がしてきたぞ。

おそらく彼女は、その性格が原因で、これまで友人の少ない（あるいは1人もいない）人生を送ってきた。だからこそ、そんな自分を変えたくてわざわざ社会人サークルに入ったものの、つい素を出してしまい、周囲から孤立するハメに。

それでもサークルを辞めず練習に来続けるのは、内心、葛藤しているからに違いない。ここでサークルを辞めたら今までどおり何も変わらない、頑張ってみんなと仲良くする努力をしなくちゃ的な。

つまり彼女は心の底からメンバーとの交流に飢えている。ならばオッサンの俺でも付け入るスキもあるのでは？

巨大な氷の塊を体温で溶かすように

さっそく行動に移した。

「ねえねえ山本さん、ショートストロークの練習相手になってよ」

「は？　なんで私が？　他の人に頼んでください」

なるほど、こういう性格か。そりゃ嫌われるわ。

「いいじゃん。俺、前から山本さんと話したかったんだよね。仲良くしてよ」

「はぁ〜？」

一瞬、笑顔が出たが、すぐに仏頂面に戻った。ふっふっふ、いま「仲良くしてよ」の言葉に反応したな。

「そんな冷たくしないで仲良くしてよ。ほら、一緒に練習しよ。いいでしょ？」

「…そんなに言うならまあ」

今度は確実にニヤニヤしてるぞ。いい兆候だ！

以後、サークルの集まりがあるたび、こんな調子で彼女に接し続けた。巨大な氷の塊を体温でゆっくりゆっくり溶かすような地道な作業ではあったが、その甲斐あって、彼女は次第に心を開いてく。

ようやく飲みに誘えたのはその3カ月後だ。2時間かけてたっぷり酔わせ、店を出てから勝負に出た。

すっと手をつないで言う。

「このあとどうしよっか」

「はあ？　帰るに決まってるっしょ。てか手とか握ってキモいんだけど」

そう言いつつ、彼女は振りほどこうとしない。そのまま強引にホテルまで引っ張っていくと、彼女は「はあ」とため息をひとつついて、黙って俺のあとについてきた。


この後も彼女とは関係が続いている。40過ぎにして見事、25歳のセフレを手に入れたわけだが、実は俺、この半年で、彼女以外にもう2人、20代のセフレをゲットすることに成功している。

山本さんで上手くいった手法を、別の社会人サークルでも流用した結果だ。

というわけでオッサン読者のみなさん、社会人サークルで若い女を落とすには、のけ者女を探すのが手っ取り早いです。どこのサークルにもこの手の女は必ず1人、2人はいるもの。さあ、みんなで40の壁を蹴散らしていこうではありませんか！

鉄人文庫

「裏モノJAPAN」読者投稿傑作選
本当にエロい実話50

2018年11月17日　第1刷発行

著　者　「裏モノJAPAN」編集部
発行人　稲村 貴
編集人　平林和史
発行所　株式会社 鉄人社
〒102-0074 東京都千代田区九段南3-4-5 フタバ九段ビル4F
TEL 03-5214-5971　FAX 03-5214-5972
http://tetsujinsya.co.jp

カバーイラスト　加藤裕將
本文イラスト　清野とおる
デザイン　細工場
印刷・製本　株式会社シナノ

ISBN978-4-86537-145-1　C0176　

本書へのご意見、お問い合わせは直接、小社までお寄せくださるようお願いします。